Eintracht – Streit – Gespräch

50 Jahre Leuenberger Konkordie

Eintracht – Streit – Gespräch

50 Jahre Leuenberger Konkordie

Im Auftrag der Vereinigten Evangelisch-Lutherischen
Kirche Deutschlands (VELKD)
herausgegeben von Christine Axt-Piscalar,
Martin Laube und Andreas Ohlemacher

EVANGELISCHE VERLAGSANSTALT
Leipzig

Die Deutsche Nationalbibliothek verzeichnet diese Publikation in
der Deutschen Nationalbibliographie; detaillierte bibliographische
Daten sind im Internet über http://dnb.dnb.de abrufbar.

© 2025 by Evangelische Verlagsanstalt GmbH · Blumenstr. 76 ·
04155 Leipzig
Printed in Germany

Der Verlag behält sich die Verwertung des urheberrechtlich
geschützten Inhalts dieses Werkes für Zwecke des Text- und
Data-Minings nach § 44 b UrhG ausdrücklich vor. Jegliche
unbefugte Nutzung ist hiermit ausgeschlossen.

Das Buch wurde auf alterungsbeständigem Papier gedruckt.

Bei Fragen zur Produktsicherheit wenden Sie sich bitte an
info@eva-leipzig.de.

Cover: Fruehbeetgrafik · Thomas Puschmann, Leipzig
Satz: Steffi Glauche Leipzig
Druck und Binden: BELTZ Grafische Betriebe GmbH, Bad Langensalza

ISBN 978-3-374-07709-0 // eISBN (PDF) 978-3-374-07710-6
www.eva-leipzig.de

Vorwort

Am 16. September 1973 wurde die Leuenberger Konkordie unterzeichnet. Unierte, reformierte und lutherische Kirchen sowie Kirchen der Waldenser und Böhmischen Brüder stellten fest, trotz verbliebener Differenzen in einem gemeinsamen Verständnis des Evangeliums miteinander verbunden zu sein. Auf dieser Grundlage erklärten sie Kirchengemeinschaft, halten seither Abendmahlsgemeinschaft, erkennen wechselseitig die kirchlichen Ämter an und praktizieren Kanzeltausch.

Für die EKD und das kirchliche Leben der Kirchen und Gemeinden im konfessionell verschieden geprägten Deutschland bedeutete dies einen entscheidenden Schritt innerevangelischer Einigung unter Anerkennung der konfessionellen Unterschiede. Die Leuenberger Kirchengemeinschaft entwickelte sich weiter zur Gemeinschaft Evangelischer Kirchen in Europa (GEKE). Anfangs noch zögernde Kirchen sind ihr beigetreten, andere bleiben der GEKE gegenüber nach wie vor kritisch eingestellt.

Anlässlich des 50jährigen Jubiläums der Leuenberger Konkordie haben Bischofskonferenz und Kirchenleitung der VELKD eine würdigende Stellungnahme zur Leuenberger Konkordie und ihrer Bedeutung veröffentlicht, die hier mitabgedruckt ist. Zugleich wurde der Theologische Ausschuss der VELKD beauftragt, eine Fachtagung zum Verständnis der Leuenberger Konkordie zu organisieren. Die Beiträge dieser Tagung, die unter dem Titel »50 Jahre Leuenberger Konkordie. Eintracht – Streit – Gespräch« in Göttingen unter Mitverantwortung von Prof. Christine Axt-Piscalar (Lehrstuhl für Lutherische Theologie) und Prof. Martin Laube (Lehrstuhl für Reformierte Theologie) stattfand und von der VELKD unter Beteiligung der UEK ausgerichtet wurde, sind in diesem Band veröffentlicht.

Die einzelnen Beiträge widmen sich den bleibenden Fragen, die im Blick auf die Leuenberger Konkordie auch nach ihrer Verabschiedung in Theologie und Kirche weiterhin diskutiert werden. Welche Hermeneutik liegt der Erklärung von Kirchengemeinschaft zugrunde und welche Hermeneutik ist im Text der Leuenberger Konkordie selbst angewandt? Worin liegt das ökumenische Potenzial dieser Hermeneutik? Wie werden die verbliebenen konfessionellen Differenzen unter den Kirchen verstanden, wie wird mit ihnen umgegangen? Welche Bedeutung haben die verschiedenen Lehrtexte der GEKE, und welcher Anspruch ist mit ihnen verbunden? Wie wird das ekklesiologische Selbstverständnis der GEKE begründet? Gibt es bleibend Anstößiges, was aus dezidiert konfessioneller Perspektive als solches zu markieren ist? Wird vielleicht gar Wesentliches aus den konfessionellen Bestimmungen aufgegeben und eine zu undeutliche gemeinsame Grundlage behauptet? Worin liegt das Potenzial des Einheitsmodells der GEKE auch im Blick auf die politische Landschaft in Deutschland und Europa?

In der Perspektive dieser Leitfragen wurden die Leuenberger Konkordie sowie die Lehrtexte der GEKE lebhaft und auch durchaus kontrovers diskutiert. Dabei kamen konfessionell geprägte Anliegen und unterschiedliche hermeneutische Zugänge zur Leuenberger Konkordie zur Geltung und in allem kritischen Disput das gemeinsame Interesse am Evangelium Jesu Christi zum Tragen.

Christine Axt-Piscalar, Martin Laube, Andreas Ohlemacher
Göttingen/Hannover im Juni 2024

Inhalt

Stellungnahme der VELKD-Bischofskonferenz
und -Kirchenleitung zu 50 Jahren Leuenberger Konkordie 9

Was ist die Leuenberger Konkordie, und was ist sie nicht? 18
Hermeneutische Grenzen der Konkordie
    Bernd Oberdorfer

»Gemeinsames Lehren« 30
Zur Bedeutung und zum Status von Lehrgesprächen
und Lehrgesprächstexten für die GEKE
    Thomas-Andreas Põder

Das Selbstverständnis der GEKE
als Kirchengemeinschaft und Kirche 61
    André Birmelé

Gestaltete Vielfalt 81
Zur gesellschaftlichen und europapolitischen Bedeutung
der Leuenberger Konkordie
    Arnulf von Scheliha

Bleibend Anstößiges an der Leuenberger Konkordie aus
reformierter Sicht 98
    Georg Plasger

Leuenberger Konkordie 112
Bleibend Anstößiges in lutherischer Perspektive
    Andrea Grünhagen

Inhalt

Welches ökumenische Ziel? 127
Kirchen- und Eucharistiegemeinschaft nach
katholischem Verständnis
  Wolfgang Thönissen

Kirche Beziehungsfähig? 167
Kirchengemeinschaft und Verständigung in Zeiten
der Polarisierung aus baptistischer Perspektive
  Maximilian Zimmermann

Zur Hermeneutik der Leuenberger Konkordie 183
  Notger Slenczka

Ist die Leuenberger Konkordie ein Bekenntnis? 210
  Christine Axt-Piscalar

Anhang 225

Stellungnahme der VELKD-Bischofskonferenz und -Kirchenleitung zu 50 Jahren Leuenberger Konkordie

Dieser Text wurde vom Theologischen Ausschuss der VELKD erarbeitet und Mitte März von der Kirchenleitung und der Bischofskonferenz verabschiedet.

»Dass sie alle eins seien« (Joh 17,21) ist der Wille des Herrn für seine Kirche auf Erden. Über viele Jahrhunderte hinweg haben die evangelischen Kirchen nicht gemeinsam das Abendmahl gefeiert; dies ist durch die Leuenberger Konkordie für die evangelischen Kirchen in Europa und so auch für die Kirchen in Deutschland ökumenisch tragfähig verändert worden. Mit der Leuenberger Konkordie erkennen die unterzeichnenden Kirchen einander als Kirchen Jesu Christi an und erklären wechselseitig volle Kirchengemeinschaft: Gemeinden unterschiedlicher protestantischer Konfessionen können gemeinsam Abendmahl feiern (Sakramentsgemeinschaft), die ordinierten Geistlichen können Gottesdienste in der jeweils anderen protestantischen Denomination durchführen (wechselseitige Anerkennung der Ämter, Kanzelgemeinschaft). Und die Kirchen wissen sich im gemeinsamen Zeugnis für das Evangelium in der Welt verbunden.

I.

Grundlage für die Erklärung von voller Kirchengemeinschaft ist die Besinnung darauf, was alle evangelischen Kirchen unbeschadet der bleibenden Unterschiede verbindet: dass die »Kirche allein auf Jesus Christus gegründet (ist), der sie durch die Zuwendung seines Heils in der Verkündigung und in den Sakramenten sammelt und sendet.« (Nr. 2) Die Konkordie greift damit die Einsicht reformatorischer Kirchen von Jesus Christus als dem Herrn der Kirche auf, der sich in der Verkündigung des Evangeliums als »der freie(n) und bedingungslose(n) Gnade Gottes« (Nr. 4) und der stiftungsgemäßen Verwaltung der Sakramente von Taufe und Abendmahl in der Kraft des Heiligen Geistes selbst vergegenwärtigt und sich selbst schenkt, so Glauben weckt, die Kirche als Gemeinschaft der Glaubenden aufbaut und zu Zeugnis und Dienst sendet. »Die Gemeinschaft an den Heilsgaben (communio sanctorum) ist die Gemeinschaft der Heiligen (communio sanctorum)« (Die Kirche Jesu Christi, [s. u.] I, 1.3 mit Verweis auf Heidelberger Katechismus, Frage 55 und Martin Luther, Großer Katechismus, 3. Artikel).

II.

Zur wahren Einheit der Kirche ist, wie die Konkordie unter Aufnahme von Confessio Augustana (CA) VII sagt, »die Übereinstimmung in der rechten Lehre des Evangeliums und in der rechten Verwaltung der Sakramente notwendig und ausreichend« (Nr. 2). Kirchengemeinschaft kann erklärt werden, wenn diese Übereinstimmung im Evangelium und in der »rechten«, d. h. dem Evangelium entsprechenden Sakramentsverwaltung besteht. Diese Übereinstimmung manifestiert sich primär im Gottesdienst der Gemeinden und wird von dort aus lehrmäßig entfaltet. Wenn die Entfaltung in der Lehre es erlaubt, die der Lehre zugrundeliegende Übereinstimmung im Verständnis des Evangeliums festzustellen, kann volle Kirchengemeinschaft erklärt und gelebt werden, unbeschadet der Differenzen in der lehrhaften Formulierung, in den liturgischen oder kirchenorganisatorischen Konsequenzen des Verständnisses des Evangeliums.

Das gemeinsame Verständnis des Evangeliums als Botschaft von dem in Jesus Christus liegenden Heil der Welt wird in der Leuenberger Konkordie in Teil II formuliert und in einem gemeinsamen Verständnis der Grundlagen von Taufe und Abendmahl ausbuchstabiert.

Dies führt dann zu einer Interpretation derjenigen Themen, über denen sich die reformatorischen Traditionen in der Lehre entzweit haben und zur Aufhebung der wechselseitigen Lehrverurteilungen, die den gegenwärtigen Stand der Lehre der Kirchen nicht mehr treffen (Teil III).

III.

An diesem Modell von Kirchengemeinschaft – als communio ecclesiarum bzw. church communion – ist eigens hervorzuheben, dass die Leuenberger Konkordie Kirchengemeinschaft als Einheit von Kirchen »verschiedenen Bekenntnisstandes« verwirklicht (Nr. 29). Die Leuenberger Konkordie »versteht sich nicht als ein neues Bekenntnis« (Nr. 37) und hebt die Bindung der unterzeichnenden Kirchen »an die sie verpflichtenden Bekenntnisse oder [...] Traditionen« nicht auf (Nr. 30). Darin liegt die Besonderheit des Modells von Kirchengemeinschaft, das die Leuenberger Konkordie vorzeichnet und das die durch die

Leuenberger Konkordie verbundenen Kirchen der Gemeinschaft Evangelischer Kirchen in Europa (GEKE) leben.

Die Interpretation des Einheitsmodells als Einheit von Kirchen verschiedenen Bekenntnisstandes und der Formulierungen, in denen das gemeinsame Verständnis des Evangeliums und der Sakramente zusammengefasst wurden, war in den lutherischen Kirchen nicht unumstritten. Die Befürchtung, dass mit der Unterzeichnung der Leuenberger Konkordie die Bekenntnisbindung der lutherischen Kirchen beeinträchtigt werden könnte, hat im Laufe der Jahrzehnte Theologinnen und Theologen und Kirchen der lutherischen Tradition zu ablehnenden, kritischen oder abwartenden Stellungnahmen zur Leuenberger Konkordie veranlasst.

In der VELKD hat sich die Einsicht durchgesetzt, dass die Leuenberger Konkordie zu würdigen ist als ein Modell der Einheit der Kirche, das die Vielfalt des evangelischen Christentums in Europa und in Deutschland bewahrt und sie so gestaltet, dass sie – auf der Grundlage der Übereinstimmung im Verständnis des Evangeliums und der rechten Sakramentsverwaltung – als Einheit in gestalteter Vielfalt verstanden und gelebt wird. Wenn Übereinstimmung im Verständnis des Evangeliums und der rechten Sakramentsverwaltung besteht, dann können »beträchtliche Unterschiede in der Gestaltung des Gottesdienstes, in den Ausprägungen der Frömmigkeit und in den kirchlichen Ordnungen« (Nr. 28) als Reichtum der Kirchen und Bereicherung des kirchlichen Lebens begriffen werden. Von daher heißt es bekräftigend: »Eine Vereinheitlichung, die die lebendige Vielfalt der Verkündigungsweisen, des gottesdienstlichen Lebens, der kirchlichen Ordnung und der diakonischen wie gesellschaftlichen Tätigkeit beeinträchtigt, würde dem Wesen der mit dieser Erklärung eingegangenen Kirchengemeinschaft widersprechen« (Nr. 45).

IV.

An dem Modell von Kirchengemeinschaft nach der Leuenberger Konkordie ist zudem zu würdigen, dass sie das Verständnis von Jesus Christus als dem Herrn der Kirche und von der reinen Verkündigung des Evangeliums und der rechten Verwaltung der Sakramente, durch die Jesus Christus seiner Kirche gegenwärtig ist und sich schenkt, als ein solches begreift, das »auf dem Boden der altkirchlichen Symbole« steht (Nr. 12, vgl. Nr. 4) und dies für das Selbstverständnis der GEKE zur Geltung bringt. Auch damit nehmen die GEKE-Kirchen dezidiert das Selbstverständnis der Reformatoren auf, die »gemeinsam mit der ganzen Christenheit das in den altkirchlichen Symbolen ausgesprochene Bekenntnis zum dreieinigen Gott und zur Gott-Menschheit Jesu Christi aufgenommen und neu bekannt (haben)« (Nr. 4). Die Kirchen der GEKE stehen auf dem Boden der altkirchlichen Symbole, und sie nehmen mit ihrem Verständnis dessen, was nach CA VII zum Kirchesein der Kirche gehört, in Anspruch, »dass sie gemeinsam an der einen Kirche Jesu Christi teilhaben« (Nr. 34).

V.

Mit dem Verständnis von Kirchengemeinschaft nach der Leuenberger Konkordie geht zugleich das Selbstverständnis der GEKE einher, nicht nur eine Gemeinschaft der konfessionell evangelischen Kirchen zu ermöglichen, sondern »der ökumenischen Gemeinschaft aller Kirchen zu dienen« (Nr. 46). Das ökumenische Potenzial der Leuenberger Konkordie – nicht nur für die innerevangelische Ökumene – ist besonders durch die Studie »Die Kirche Jesu Christi« (1995, 5. rev. Aufl. 2018; ferner

Amt, Ordination, Episcopé, 2013) vertieft und gestärkt worden. Die GEKE hat darin festgestellt, dass das ordinationsgebundene Amt von Christus eingesetzt, dass es konstitutiv zum Kirchesein der Kirche gehöre und als Dienst am reinen Evangelium und der rechten Sakramentsverwaltung zu verstehen sei (III, 1.3). Der episkopale Dienst sei für die Kirche notwendig, als Dienst an der Einheit. Die konkrete Ausgestaltung des Amtes sei jedoch nicht zeitinvariant gegeben, sondern unterliege geschichtlichen Bedingungen und der konkreten Gestaltung durch die Kirchen (III, 1.3; vgl. I, 2.5.1.2). Das (historische) Bischofsamt könne als Zeichen gewürdigt werden; es sei jedoch nicht als ein notwendiges Zeichen für die Erklärung von Kirchengemeinschaft anzusehen (I, 2.5.1. 1 und I,2.5,1.2; vgl. Amt, Ordination, Episcopé, S. 105-107, 118-140). Damit hat die GEKE ein Verständnis des kirchlichen Amtes vorgelegt, das offen ist auch für die ökumenischen Dialoge mit der Porvoo-Gemeinschaft und allen Kirchen, die die apostolische Sukzession im historischen Bischofsamt als ein notwendiges Zeichen für die Kirche erachten. Die abgewogene Bestimmung des kirchlichen Amtes eröffnet der GEKE auch den Dialog mit den orthodoxen Kirchen und der römisch-katholischen Kirche, die in jüngster Zeit ebenfalls Gespräche mit der GEKE aufgenommen haben. Und dies ist auch für das ökumenische Gespräch der großen Konfessionskirchen in Deutschland von Bedeutung.

VI.

Die Leuenberger Konkordie steht geschichtlich vor dem Hintergrund der innerprotestantischen Gespräche, die in Deutschland im Gefolge der Barmer Theologischen Erklärung und unter den Bedingungen und in Erinnerung an die Situation des Dritten Reiches und des ›Kirchenkampfes‹ geführt wurden. Stationen auf diesem Weg sind beispielsweise die Bekenntnissynode von Halle 1937 und der Prozess, der 1957 zu den Arnoldshainer Thesen führte. Dieser innerdeutsche Verständigungsprozess ist eingegangen in das europäische Projekt der Leuenberger Konkordie. Sie hat ihre Wirkung, Kirchengemeinschaft als Einheit in gestalteter Vielfalt und als Ausdruck versöhnter Verschiedenheit zu leben, in Europa und – nach dem Fall des Eisernen Vorhangs – besonders auch in den ostdeutschen und osteuropäischen Kirchen entfaltet. 50 Jahre nach der Verabschiedung der Leuenberger Konkordie gehören zur GEKE mittlerweile über 90 Kirchen, die die Leuenberger Konkordie unterzeichnet haben.

VII.

Im deutschen Kontext, wo Kirchen verschiedenen Bekenntnisstandes Leben und Bild des reformatorischen Christentums prägen, hat die Leuenberger Konkordie eine besondere Bedeutung gewonnen. Die Leuenberger Konkordie hat Gottesdienst- und Abendmahlgemeinschaft der Kirchen und Gemeinden in der Evangelischen Kirchen in Deutschland (EKD) eröffnet und die Gemeinden zu einem gemeinsamen Dienst aus dem Evangelium ermutigt. Sie hat dies gerade dadurch ermöglicht, dass sie nicht als ein Unionsbekenntnis fungiert, die konfessionelle Besonderheit der einzelnen Kirchen und Gemeinden nicht einebnet, vielmehr dazu anleitet, sie als Reichtum kirchlichen Lebens zu begreifen und anzuerkennen. Die konfessionell geprägten Unterschiede werden nicht mehr als Abgrenzung der Konfessionen gegeneinander, sondern als Ausdruck einer legitimen Vielfalt des kirchlichen Lebens und als wechselseitige

Bereicherung verstanden und erlebt, ohne in der leidenschaftlichen Suche nach Einheit auch in lehrmäßigen Fragen nachzulassen. Die Leuenberger Konkordie, die in die Grundordnung der EKD aufgenommen wurde und das Selbstverständnis der Gliedkirchen und gliedkirchlichen Bünde und ihrer Gemeinschaft als Kirche prägt, bildet die Grundlage für die Kirchen in Deutschland, die Einheit der Kirchen in konfessioneller Verschiedenheit zu leben und darzustellen.

VIII.

Dass Einheit nicht nivellierende Aufhebung ins übergeordnete Allgemeine bedeutet, sondern als Anerkennung der Verschiedenheit gelebt wird, und sich gerade darin die Kraft der Einheit in der Vielfalt bewährt, ist ein Zeichen, das die Kirchen der GEKE mit ihrem Modell von Einheit in Vielfalt auch in den politischen Raum Europas, insbesondere der Europäischen Union geben, wo Einheit in Vielfalt zu gestalten aufgegeben ist, welche die Interessen der Nationen und Staaten wahrt und zugleich das Gemeinsame, vor allem das friedliche Miteinander stärkt.

IX.

Kirchenleitung und Bischofskonferenz der VELKD sind zutiefst dankbar für die Überwindung der fast 500-jährigen Trennung zwischen den protestantischen Konfessionen in Europa und in Deutschland, die 1973 mit der Leuenberger Konkordie und in der GEKE erreicht wurde. Die VELKD ist dankbar für die Möglichkeit, Einheit in versöhnter Verschiedenheit leben zu können und so ein Modell anbieten zu können auch für den Umgang mit religiösen und gesellschaftlichen Differenzen. Sie betrachtet die Leuenberger Konkordie als Gabe, aber auch als Aufgabe auf dem Weg zu dem Ziel, »dass sie alle eins seien«.

Bernd Oberdorfer

Was ist die Leuenberger Konkordie, und was ist sie nicht?

Hermeneutische Grenzen der Konkordie

Wie belastbar ist die Leuenberger Konkordie? Wofür steht sie, und wofür nicht? Was will sie leisten, was soll sie leisten, und was kann sie leisten? Und was nicht? So lege ich mir die von den Veranstaltern dieses Studientags vor- und aufgegebene Frage nach den hermeneutischen Grenzen der Konkordie zurecht und nähere mich dem Thema gleichsam von außen, nämlich mit einem Blick auf die Hoffnungen und Befürchtungen, die mit der Leuenberger Konkordie rezeptionsgeschichtlich verbunden worden sind und weiterhin verbunden werden. Diese Hoffnungen und Befürchtungen sind teilweise durchaus gegensätzlich. Manchmal ist es geradezu so: Was die einen hoffen, fürchten die anderen.

Mit der Unterzeichnung der Konkordie auf jeden Fall verbunden war die Hoffnung, dass die aufgrund der erreichten theologischen Verständigung erklärte volle Kirchengemeinschaft auch zu einer größeren »sichtbaren Einheit« der Signatarkirchen führen würde, durchaus mit organisatorischen Konsequenzen. Und so ist es in mancher Hinsicht ja auch gekommen. Die auf der Basis von Leuenberg entstandene »Gemeinschaft evangelischer Kirchen in Europa« (GEKE) ist zwar organisatorisch noch schwach orchestriert, versteht sich aber nicht nur als Dachverband oder gemeinsame Interessenvertretung europäischer protestantischer Kirchen, sondern entwickelt zunehmend eigenständige kybernetische Instanzen und etabliert sich auch als theologisch-ekklesiales Handlungssubjekt, indem sie etwa Lehrgespräche mit der Römisch-Katholischen Kirche führt.[1] Sie beansprucht dafür offenkundig eine gemeinsame Lehrgrundlage – welche das ist (und welche Rolle die Leuenberger Konkordie dabei spielt), wäre noch einmal zu reflektieren. In Deutschland hat die Konkordie die bereits vor Leuenberg existierende EKD substanziell verändert: Aus dem organisatorischen Zusammenschluss von Kirchen, die untereinander zum Teil nicht in voller Kirchengemeinschaft standen, wurde eine Gemeinschaft zwar bekenntnisverschiedener, sich aber in wechselseitiger Kanzel- und Altargemeinschaft uneingeschränkt anerkennender Kirchen. Daraus erwuchs eine sich sukzessive verstärkende Dynamik, im Licht der übergreifenden Verbundenheit die überkommenen konfessionellen Profile abzuschleifen und ekklesiologisch wie organisatorisch die EKD aufzuwerten. Im sog. »Verbindungsmodell« sollte sich der auf der Basis von Leuenberg erklärte Charakter der EKD *als Kirche* auch organisatorisch konkretisieren, indem die (weiterhin bestehenden) konfessionellen Bünde (namentlich die VELKD, aber auch die UEK) vollständig in das Organigramm des Kirchenamts der EKD integriert wurden; auch die Synoden wurden entsprechend umstrukturiert. Und ich erinnere mich noch gut, wie auf einer Sitzung in Hannover, wo über die Detailplanung dieses »Verbindungsmodells« diskutiert wurde, ein Experte für

---

[1] Vgl. Bericht über Kirche und Kirchengemeinschaft. Ergebnis einer Konsultationsreihe im Auftrag der Gemeinschaft Evangelischer Kirchen in Europa und des Päpstlichen Rates zur Förderung der Einheit der Christen. Endfassung 2018. Online als Download verfügbar auf der Homepage der GEKE: leuenberg.eu.

Trauerarbeit aufgeboten wurde, der den anwesenden Lutheranern seelsorgerliche Hilfestellung zukommen ließ, wie sie durch die verschiedenen Trauerphasen hindurch den Verlust ihrer konfessionellen Eigenständigkeit bewältigen könnten.

Damit bin ich eigentlich schon bei den innerprotestantischen Befürchtungen. Denn gerade der geschilderte Sog auf »sichtbare Einheit« hin hat die kritische Rückfrage ausgelöst, ob es Leuenberg tatsächlich um eine Nivellierung der konfessionellen Profile zu tun war bzw. ob eine solche Nivellierung zumindest im wirkungsgeschichtlichen Gefälle der Konkordie lag und aus ihr abgeleitet werden kann. Nun wollte Leuenberg dezidiert nicht selbst ein Einheitsbekenntnis sein und ausdrücklich nicht in die Bekenntnisstände der beteiligten konfessionellen Traditionen eingreifen[2], formulierte aber gleichwohl ein gemeinsames Verständnis der reformatorischen Grundeinsichten und skizzierte in Grundlinien Gemeinsamkeiten in den traditionell besonders strittigen Themenfeldern Prädestination, Christologie und Abendmahl, regte zudem eine das Verbindende vertiefende theologische Weiterarbeit an (vgl. LK 39). Das Verhältnis der (unangetasteten) Bekenntnistraditionen zu den ausformulierten Gemeinsamkeiten blieb aber seinerseits klärungsbedürftig und mithin jener theologischen Weiterarbeit selbst aufgegeben. In den EKD-Diskussionen brachte Christine Axt-Piscalar einen Vorschlag ein, der nachdrücklich das Leuenberger Bekenntnis zur Bekenntnisvielfalt unterstreicht, ohne die aus der erklärten

---

[2] Vgl. LK 37: »Die Konkordie läßt die verpflichtende Geltung der Bekenntnisse in den beteiligten Kirchen bestehen. Sie versteht sich nicht als neues Bekenntnis.« Vgl. auch LK 29 f.

vollen Kirchengemeinschaft erwachsenen ekklesialen Konsequenzen zu ignorieren: In Konsequenz von Leuenberg könne die EKD in der Tat *als Kirche* verstanden werden, dies aber in dem spezifischen Sinn, dass sie die Vielfalt der in ihr gelebten Bekenntnistraditionen wahrt und ihre Pflege fördert.[3] Der Vorschlag ist terminologisch sofort begeistert aufgegriffen worden – die EKD als Kirche –; ob die Betonung der Bekenntnisvielfalt und die Verpflichtung zu deren Pflege als die Bedingung dieses ihres Kircheseins genauso begeistert mitgehört worden ist und weiterhin mitgehört wird, müsste man wohl (um es vorsichtig zu sagen) regelmäßig evaluieren.

Nun könnte man meinen, dass die in der Konkordie angelegte Dynamik »sichtbarer Einheit« Leuenberg zu einem attraktiven Modell gerade für ein römisch-katholisches Verständnis der *unitatis redintegratio*, der Wiedergewinnung voller kirchlicher Einheit, macht. Doch, wenn der Eindruck nicht täuscht, ist eher das Gegenteil der Fall. Hört man katholische Stimmen, so nehmen sie Leuenberg offenbar primär als abschreckendes Beispiel einer Ökumene wahr, die sich darauf beschränkt, dass sich die beteiligten Kirchen gegenseitig anerkennen und einander in ihrem Kirchesein bestätigen, und

---

[3] Vgl. CHRISTINE AXT-PISCALAR: Einheit in gestalteter Vielfalt. Zur ekklesialen Aufgabe der EKD in der Gemeinschaft der Gliedkirchen und konfessionellen Bünde, in: WERNER KLÄN/BERND OBERDORFER (Hg.): Bekenntnisbildung und Bekenntnisbindung. Bestimmung und Geltung von abgeleiteten Grundsätzen im Normengefüge lutherischer Kirchen, Göttingen: 2019, 120–129; DIES.: Zur ekklesiologischen Bedeutung der EKD und der VELKD vor dem Hintergrund der Frage nach der Bekenntnisgrundlage der EKD und der Weiterentwicklung des »Verbindungsmodells«, a. a. O., 130–136.

danach bleibt alles beim Alten. In dieser Perspektive verhindert also gerade die in Leuenberg festgehaltene Treue zu den unterschiedlichen Bekenntnistraditionen eine wirkliche Einheit. Dass die Konkordie nicht den Anspruch erhebt, ein eigenes gemeinschaftsdefinierendes Bekenntnis zu sein, erscheint so als Indikator dafür, dass die deklarierte Gemeinschaft eine äußerliche bleibt (und bleiben soll!). Dass Leuenberg selbst substanzielle Gemeinsamkeiten der beteiligten Bekenntnistraditionen explizit formuliert und die Überwindung der Kontroversen eben damit begründet, gerät dabei aus dem Blick.

Genau hier setzt die letztlich noch sehr viel schärfere Kritik an, die die römisch-katholische Theologin Barbara Hallensleben im Frühjahr 2023 auf einer Leuenberg gewidmeten Tagung in Bensheim geäußert hat.[4] Hallensleben nimmt den Anspruch der Konkordie, die inhaltlichen Kontroversen der Reformationszeit aufzuarbeiten und im Licht übergreifender Gemeinsamkeit ihren kirchentrennenden Charakter aufzuheben, durchaus ernst, bestreitet aber – unter zustimmendem Rückgriff auf konservativ-lutherische Polemiken aus der Entstehungszeit der Konkordie[5] –, dass der ausformulierte Basalkonsens tatsächlich beiden Seiten gleich gerecht wird. Konkret konstatiert sie, dass die Lutheraner ihre Überzeugung von der wahren und wirklichen Präsenz Christi in Brot und Wein zugunsten eines spiritualisierenden Verständnisses der

---

[4] Vgl. BARBARA HALLENSLEBEN: Die Leuenberger Konkordie/die GEKE als ökumenisches Modell? Eine katholische Perspektive, in: MdKI 74 (2023), 151-155.

[5] Sie zitiert ausführlich aus dem Band: ULRICH ASENDORF/FRIEDRICH WILHELM KÜNNETH (Hg.), Leuenberg, Konkordie oder Diskordie? Kritik zur Konkordie reformatorischer Kirchen in Europa, Berlin/Schleswig 1974.

Gegenwart Christi »mit« Brot und Wein preisgegeben hätten. Letztlich, so kann man das deuten, hätten sich die Lutheraner von den Reformierten über den Tisch ziehen lassen. Dies sei auch deshalb problematisch, weil sich Lutheraner und Katholiken gerade im Verständnis der rückhaltlosen Selbstvergegenwärtigung Gottes in der menschlichen (Heils-)Geschichte doch so nahe seien. Die Einheit mit den Reformierten sei insofern teuer erkauft, als die Lutheraner mit ihrer Zustimmung zu Leuenberg neue Gräben zur römischen Kirche aufgerissen hätten. Hallensleben liest auch die (in der Konkordie selbst nicht enthaltene, in der Rezeption aber doch prominent vertretene) Unterscheidung von Grund und Gestalt der Kirche so, dass der unverfügbare Grund ganz der göttlichen Transzendenz, die Gestalt aber ganz der menschlichen Verfügungsfreiheit zugeordnet ist. Dies mache es unmöglich, bestimmte Strukturmomente von Kirche als notwendige Ausdrucks- und Realisierungsgestalten der Weltgegenwart Gottes zu kennzeichnen; namentlich gedacht ist an das die Personhaftigkeit der göttlichen Inkarnation repräsentierende apostolische Bischofsamt. Auch hier scheint also der Spiritualisierungsvorwurf durch. Dass die Unterscheidung von Grund und Gestalt auch innerprotestantisch strittig ist und durchaus andere Lesarten zulässt, die eine Korrespondenz von Grund und Gestalt implizieren und die Gestalt also nicht so kategorisch vom Grund abheben, wie Hallensleben unterstellt, bleibt dabei unberücksichtigt.

Implizit schwingt auch bei Hallensleben der namentlich von konservativ-lutherischer Seite erhobene Vorwurf mit, Leuenberg zwinge den Lutheranern eine reformierte Lesart ihrer eigenen Bekenntnistradition auf. In der Terminologie der Positionskämpfe des 16. Jahrhunderts könnte man auch sagen: Die CA variata habe den Sieg über die CA invariata davongetragen.⁶ Ob es ähnliche Einwände auch aus reformierter Sicht gab und gibt, ist mir nicht bekannt. Verwunderlich wäre es nicht. Denn in der Prädestinationslehre und beim Abendmahl spiegelt die in der Konkordie formulierte inhaltliche Verständigung jedenfalls ›gnesio-calvinistische‹ und zwinglianische Positionen durchaus nicht mehr wider. Wer da ggf. wen über den Tisch gezogen hat, bleibt also offen.

Die soeben skizzierten Vorbehalte beziehen sich auf die Tragfähigkeit des in Leuenberg erreichten Konsenses. Für orthodoxe Ohren – darauf hat Georgios Vlantis auf der bereits genannten Tagung hingewiesen⁷ – klingt hingegen schon der Ausdruck »bekenntnisverschieden« befremdlich, wenn es um kirchliche Gemeinschaft, ja Einheit geht. Eine kirchliche Einheit, die nicht auf der Einheit in Lehre und Bekenntnis gründet, sei paradox. Leuenberg als Gemeinschaft bekenntnisverschiedener Kirchen könne daher aus orthodoxer Sicht kein Modell echter kirchlicher Gemeinschaft sein. Dass die protestantischen Kirchen sich auf dieser Ebene verständigt hätten, könne die Orthodoxie aber dazu inspirieren, in ihrer eigenen Konfessionsfamilie auf »maximalistische« Einheitsvorstellungen zu verzichten.

---

⁶ Strukturell ähnlich argumentierte übrigens Wilfried Härle, wenn er 1999 vor der Unterzeichnung der »Gemeinsamen Erklärung zur Rechtfertigungslehre« warnte, da diese das Luthertum auf eine ›tridentinische‹ Interpretation seiner Bekenntnistradition festlege. Vgl. W. HÄRLE, Lutherische Formeln – tridentinisch interpretiert, in: epd-Dokumentation Nr. 43/99 (11.10.1999), 13–17. Online: https://www.w-haerle.de/texte/Lutherische—Formeln.pdf.

⁷ Vgl. GEORGIOS VLANTIS, Willkommene Impulse und Gesprächsbedarf. Die Leuenberger Konkordie aus orthodoxer Perspektive, in: MdKI 74 (2023), 148–150.

Was ist die Leuenberger Konkordie, und was ist sie nicht?

Die Leuenberger Konkordie, genauer: ihr Leitbild einer vollen Kirchengemeinschaft bekenntnisverschiedener Kirchen, kann also offenbar sehr verschieden gelesen, auch mit verschiedenen Handlungsoptionen verbunden werden. Im Kern geht es dabei um das Verständnis der konstatierten Gemeinschaft. Wird sie als Auftrag verstanden, die Bekenntnistraditionen in einer höheren Einheit versöhnt aufzuheben – und das dann auch organisatorisch abzubilden? Dann wäre Leuenberg, wenn nicht gar selbst ein Unionsbekenntnis, dann doch jedenfalls der Auftrag dazu. Oder soll der Fokus auf dem Nachdruck liegen, mit dem die Konkordie selbst versichert, die Geltung der Bekenntnistraditionen nicht antasten zu wollen? Dies könnte aber den kritischen Eindruck nähren, dass die Konkordie sich darauf beschränkt, die Kompatibilität der Bekenntnistraditionen zu konstatieren, und es bei einer wechselseitigen Anerkennung belässt, die gleichsam nur einen unveränderten Status quo mit höheren Weihen versieht.

Wichtig und grundlegend für alle weiteren Überlegungen ist es freilich zu sehen, dass Leuenberg durchaus einen – anachronistisch gesprochen – »differenzierten Konsens in Grundwahrheiten« im Blick auf die traditionellen Kontroversthemen formuliert, also die konstatierte Gemeinsamkeit explizit inhaltlich bestimmt. Von einer bloß äußerlichen Anerkennung kann also nicht die Rede sein. Strittig ist dann nur, ob dieser Konsens ein substanzieller ist, d. h., ob er die Kernanliegen der, genauer: aller beteiligten Bekenntnistraditionen adäquat aufnimmt und die weiterhin bestehenden Differenzen nicht in einem oberflächlichen Formelkompromiss übertüncht. Aber selbst wenn man der Meinung ist, dass der Konsens tragfähig ist (und dafür gibt es gute Gründe), bleibt das Verhältnis des Konsenses zu den Bekenntnistraditionen klärungsbedürftig. Im Licht dieser Klärung kann dann auch besser sichtbar werden, was Leuenberg leisten kann – und was nicht.

Einige Überlegungen dazu in Thesenform:

1. Die Leuenberger Konkordie ist kein Einheitsbekenntnis. Aber sie formuliert einen ›Konsens in Grundwahrheiten‹, der als hinreichend für volle Kirchengemeinschaft erklärt wird.
2. Dieser Konsens ist ›differenziert‹ in dem Sinn, dass er Unterschiede in den Lehrtraditionen nicht aufhebt, aber bestreitet, dass sie noch kirchentrennend seien und daher volle Kirchengemeinschaft verhinderten.
3. Daraus folgt, dass weder die lutherische Seite sich die reformierte Lehre explizit zu eigen machen muss noch umgekehrt. Die Unterzeichnung der Leuenberger Konkordie impliziert nur, dass die Kirchen in Lehre und Praxis der je anderen Kirche so viel substanzielle Gemeinsamkeit erkennen, dass sie diese Lehre und Praxis ungeachtet bleibender Differenzen im Licht ihrer eigenen Lehrtradition als hinreichend klaren Ausdruck des Evangeliums identifizieren und anerkennen können.
4. »Hinreichend klar« heißt nicht, dass die Lehre und Praxis der je anderen Kirche pauschal und uneingeschränkt als sachgemäß anerkannt werden muss. Es schließt durchaus die Möglichkeit ein, dass – um im Bild zu bleiben – Klärungsbedarf angemeldet wird. Denkbar bleibt auch, dass bestimmte Momente der je anderen Tradition als problematisch wahrgenommen werden. Ausgeschlossen ist mit der Unterzeichnung der Konkordie nur, diese problematischen Momente als so gravierend zu beur-

teilen, dass sie die Übereinstimmung im Gesamtverständnis zu dementieren nötigen.[8]

5. Daraus folgt nicht, dass die lutherische Lehrtradition ›nach Leuenberg‹ nur noch nach Maßgabe ihrer Übereinstimmung mit der reformierten Lehrtradition interpretiert werden dürfte (und umgekehrt). Ausgeschlossen ist nur, die lutherische Lehrtradition in ihrer gegenwärtig geltenden Gestalt im Blick auf das Gesamtverständnis (!) der betreffenden konkreten Lehre und Praxis so zu interpretieren, dass sie in einen exkludierend-kontradiktorischen Gegensatz zur reformierten Lehrtradition in ihrer gegenwärtig geltenden Gestalt zu stehen kommt (und umgekehrt). Ich betone nochmals: im Blick auf das Gesamtverständnis – man könnte auch sagen: im Blick auf den »Konsens in Grundwahrheiten«, also nicht im Blick auf einzelne, als nachgeordnet beurteilte Lehraussagen (sofern diese nicht den grundlegenden

---

[8] Zu denken wäre etwa an die unterschiedlichen Konzeptionen der leiblichen Lokalisierung der »menschlichen Natur« Christi im Blick auf die Abendmahlslehre. Hier erklärte es Leuenberg für hinreichend für volle Kirchengemeinschaft, wenn beide Kirchen sich zur *vollen* Präsenz *des ganzen* Christus in der Feier des Abendmahls bekennen. Wie diese Präsenz begrifflich und vorstellungsmäßig gefasst wird und wie die Präsenz Christi in der Feier auf die konkreten Elemente Brot und Wein bezogen wird, das wird als nachrangige Frage behandelt, so dass die manifesten Differenzen die Kirchengemeinschaft nicht tangieren. Dass hier die Subtilitäten der Kontroversen der Reformationszeit bewusst übersprungen werden, ist offensichtlich. Evident sind aber auch die Gründe dafür. Indem die theologischen Theoriebildungen auf die ihnen zugrundeliegenden Motive durchsichtig gemacht wurden, konnten gleichsam durch die Kontroversen hindurch gemeinsame Intuitionen identifiziert werden, die eine wechselseitige Anerkennung und eine gemeinsame Praxis ermöglichten.

Konsens tangieren und relativieren). Genau in dieser begrenzten Funktion (und nur in ihr) kann die Leuenberger Konkordie als hermeneutischer Schlüssel zur Auslegung der Bekenntnistraditionen bezeichnet werden.

6. Wenn Leuenberg selbst auf der Basis der erklärten Kirchengemeinschaft die theologische Weiterarbeit anregt, dann dient dies dazu, das in der Konkordie formulierte gemeinsame Verständnis zu vertiefen und die Konsequenzen der Kirchengemeinschaft auszuloten. Dies schließt die weitere Bearbeitung der verbliebenen Differenzen ein, muss aber nicht in einer Einheitslehre münden, die die Unterschiede der Bekenntnistraditionen ineinander verschmilzt. Leuenberg enthält keinen Auftrag zur Lehrvereinheitlichung.

7. Was die kirchenstrukturellen Konsequenzen betrifft, enthält Leuenberg auch keinen Auftrag zur organisatorischen Vereinigung bekenntnisverschiedener Kirchen, verbietet diese aber auch nicht. Die Verbundenheit der Signatarkirchen kann sich in einem breiten Spektrum an Formen realisieren. Aus römisch-katholischer Perspektive ist dies unterbestimmt, weil keine aus dem Wesen des Evangeliums abgeleiteten und insofern verbindlichen Organisationsstrukturen genannt werden. Gleichwohl zementiert Leuenberg nicht den Status quo unverbunden nebeneinander her existierender Kirchentümer, sondern initiiert eine Dynamik der Verbundenheitspflege, die den beteiligten Kirchen nicht äußerlich bleiben kann.

8. Zu Recht wird geltend gemacht, dass bei einer Verbindung bekenntnisverschiedener Kirchen zu einer auch organisatorischen Einheit eine gemeinsame Lehr- und Bekenntnisgrundlage identifiziert werden muss, wenn diese Ver-

bindung selbst als Kirche soll bezeichnet werden können.[9] Diese Lehr- und Bekenntnisgrundlage darf sich nicht auf den Verweis auf einen numinosen göttlichen »Grund« beschränken, dessen begriffliche Explikation sich angeblich verbietet. Ebenso wenig muss sie aber in einem eigenen Einheitsbekenntnis umfassend entfaltet werden, das die versöhnten Bekenntnistraditionen gleichsam ersetzt. Leuenberg ist kein solches Einheitsbekenntnis und will es auch nicht sein. Die Konkordie konstatiert aber und begründet in der Sache, dass die Bekenntnistraditionen in der Form, wie sie gegenwärtig vertreten werden, miteinander vereinbar sind, ja, im Entscheidenden harmonieren. Pointiert gesagt: Leuenberg zeigt auf, dass die (bleibende) Bekenntnisverschiedenheit umgriffen ist von einer Bekenntniseinheit. Diese Bekenntniseinheit umfasst inhaltlich mehr, als Leuenberg selbst eigens anspricht. Ob und wie diese gemeinsame elementare Bekenntnisgrundlage ihrerseits in Bekenntnisform ausformuliert werden muss (oder ob nicht der Verweis auf die Kompatibilität der ja bereits vorhandenen konfessionellen Bekenntnistraditionen genügt), ist dann offen und der weiteren Diskussion anheim gegeben.

---

[9] Dies war der Hintergrund von Gunther Wenz' Vorschlag, die Confessio Augustana (invariata!) zum Grundbekenntnis der EKD zu erklären.

Thomas-Andreas Põder

»Gemeinsames Lehren«
Zur Bedeutung und zum Status von Lehrgesprächen und Lehrgesprächstexten für die Gemeinschaft Evangelischer Kirchen in Europa

Nach einführenden Bemerkungen (I) erörtere ich in diesem Aufsatz aus dogmatischer Perspektive das für die Gemeinschaft Evangelischer Kirchen in Europe (GEKE) leitende Verständnis von Kirchengemeinschaft (II), um auf diesem Horizont die Bedeutung und den Status der Lehrgesprächen und Lehrgesprächstexten für eine solche Kirchengemeinschaft zu erwägen und zu bestimmen (III). Ich schließe den Beitrag mit konkretisierenden Thesen (IV).[1]

---

[1] Es handelt sich um eine erweiterte und bearbeitete Fassung meines englischsprachigen Beitrages »Communion in teaching«. A dogmatic reflection on common teaching of a church communion in the tradition of the Leuenberg Agreement, in: SÁNDOR FAZAKAS/MARIO FISCHER/THOMAS-ANDREAS PÕDER (Hg.), Gemeinsam Kirche sein. Konsequenzen, Wirklichkeiten und Möglichkeiten der Leuenberger Konkordie/Being Church Together. Consequences, Realitites and Possibilites of the Leuenberg Agreement, Leipzig, 2024, 161–175.
Anlässlich des 50. Jahrestages der Leuenberger Konkordie fand in mehreren europäischen Ländern eine Reihe von Konferenzen statt. Ich bin vier Konferenzen zu Dank verpflichtet, die mir Gelegenheit gegeben haben, die in diesem Artikel zusammengefassten Gedanken zu entwickeln, sie auf verschiedene Weise zu präsentieren und in Diskussionen zu erproben. Sie fanden statt am Konfessionskundlichen Institut in Bensheim (Februar),

I. Einführung

1. Die Entdeckung und Wiederentdeckung der Kirche als Reichtum der Beziehungen und als Lebensgemeinschaft

Für alle von uns gilt, dass wir uns als uns selbst nicht allein in der Welt entdecken, ebenso wenig wie wir uns als uns selbst an der Stelle oder anstelle einer anderen Person, d. h. als eine andere Person entdecken. Wir alle sind wir selbst nur mit und im Unterschied zu anderen. In dieser Wahrnehmung und Anerkennung unserer Lebenswelt kommt der Reichtum des Lebens zum Ausdruck.

Die gemeinschaftliche Eigenart unseres Seins gilt auch für das Christsein. Die Christinnen und Christen finden sich nicht allein vor, sondern mit anderen. Das Selbst wird entdeckt und gefunden in der Gemeinschaft – in der Gemeinschaft der Kirche. Das christliche Leben und die Kirche signalisieren eine besondere Weise und Möglichkeit, das Menschsein als ein Sein in Beziehung zu entdecken. Es ist eine Weise und Möglichkeit die Differenzen, die für das Leben von Bedeutung sind, wahrzunehmen und zu leben.

Gleichzeitig steht die Kirche aber auch für eine besondere Art und Weise, nicht nur den Reichtum von Beziehungen wahrzunehmen, sondern auch den Mangel an Beziehungen und die Behinderung von Beziehungen, die Gebrochenheit

---

an der Reformierten Theologischen Universität in Debrecen (März), am Theologischen Institut in Klausenburg/Kolozsvár/Cluj Napoca in Zusammenarbeit mit dem Zentrum für Evangelische Theologie Ost (ZETO) (November) und an der Universität Göttingen in Zusammenarbeit mit der VELKD (November).

und Zerbrechlichkeit von gelebten Beziehungen. Mit anderen Worten: Die Kirche ist der Ort, wo gewagt wird, die Sünde anzuerkennen, die die Gemeinschaft des persönlichen und gemeinsamen Lebens verleugnet, behindert und zerbricht. Wir wagen es, weil wir von der erneuernden Verheißung der Vergebung und Versöhnung leben. Wir sind aufgerufen sie mit Liebe und Solidarität, mit Kritik und Fantasie weiterzutragen und in die Realität aller Arten von Lebensbeziehungen zu übersetzen. Kirche zu sein ist eine Verheißung für ein lebendigeres Leben und eine Einladung an jede und jeden – in Gemeinschaft mit anderen und mit der ganzen Schöpfung.

2. Ökumenische Landschaft

Für den Einzelnen kann die Entdeckung, was »Kirche« bedeutet, viele verschiedene Formen annehmen. Diese werden oft durch das Leben und die Aktivitäten einer Ortsgemeinde definiert oder durch die Art und Weise, wie Ortsgemeinden im Kontext ihrer Gesellschaft und ihres Staates als Kirche zusammenleben. Der Begriff »Ökumene« weist jedoch in erster Linie auf das Problem hin, dass über die Kirche nicht gesprochen werden kann, ohne auch über die Kirchen zu sprechen.[2]

Wir stehen folglich vor der Herausforderung, uns in der ökumenischen Landschaft zu orientieren. Die ökumenische Landschaft ist eine Landschaft, in der sich viele und unterschiedliche Akteure als Kirche verstehen und sich berufen fühlen, als Kirche zu leben und zu handeln. Auf diese Weise

---

[2] Vgl. ULRICH H. J. KÖRTNER, Wohin steuert die Ökumene? Vom Konsens- zum Differenzmodell, Göttingen 2005, 26.

umfasst die ökumenische Landschaft die Beziehungen zwischen den verschiedenen Kirchen – zwischen den Glaubensgemeinschaften in der Gesellschaft –, die sich wiederum aus der Art und Weise ergeben, wie die Beziehung zwischen der Pluralität der Kirchen und der Einzigartigkeit der Kirche jeweils verstanden wird.

In der ökumenischen Landschaft spielen *multilaterale* Organisationen der kirchlichen Zusammenarbeit eine wichtige Rolle. Sie sind auf der Ebene einzelner Länder tätig, wie z. B. nationale ökumenische Räte oder Arbeitsgemeinschaften christlicher Kirchen. Sie sind in einer bestimmten Region der Welt tätig – wie die Europäische Konferenz der Kirchen – oder auf globaler Ebene – wie der Ökumenische Rat der Kirchen. Multilaterale ökumenische Dachorganisationen zeichnen sich dadurch aus, dass die Zusammenarbeit in Formen und Bereichen stattfindet, die nicht voraussetzen, dass sich alle Beteiligten gegenseitig vollständig als Kirchen anerkennen. Die Zusammenarbeit beruht auf der Selbstbeschreibung der Teilnehmer als Kirchen und auf bestimmten gemeinsamen Elementen, die für eine wünschenswerte Zusammenarbeit ausreichend sind. Solche multilateralen, transnationalen und globalen Formen der Interaktion werden durch analoge Formen der Zusammenarbeit zwischen Kirchen auf der Ebene der Ortsgemeinden unterstützt. Dies geschieht, weil sie gemeinsames Handeln als eine Möglichkeit sehen, treuer zu sein und besser mit dem übereinzustimmen, was es bedeutet, Kirche zu sein.

In der ökumenischen Landschaft sind die Beziehungen häufig auch *bilateral* organisiert oder strukturiert, d. h. es handelt sich um Beziehungen zwischen zwei Kirchen (z. B. der Dialog zwischen der Estnischen Evangelisch-Lutherischen Kirche und der Estnischen Apostolischen Orthodoxen Kirche) oder zwischen zwei konfessionell-kirchlichen Traditionen auf globaler Ebene (z. B. zwischen dem Lutherischen Weltbund und der römisch-katholischen Kirche). Die oben genannten bilateralen Interaktionen sind Beispiele für die Begegnung von Kirchen oder konfessionellen Traditionen, bei denen die gegenseitige Anerkennung als Kirchen nicht vollständig ist. Die gegenseitige Anerkennung beruht nicht auf Gegenseitigkeit, auch wenn eine Seite die andere als Kirche anerkennen kann. Es gibt jedoch bedeutende Gemeinsamkeiten, die es unmöglich machen, sich gegenseitig zu ignorieren. Natürlich gibt es auch bilaterale offizielle Beziehungen zwischen Kirchen, die sich gegenseitig vollständig als Kirchen anerkennen.

3. Kirchengemeinschaft als gemeinsames Kirchesein und als Erfahrung der Einheit der Kirche

Kirchengemeinschaft bezeichnet eine derartige Qualität der zwischenkirchlichen Beziehungen, dass die Kirchen sich gegenseitig als vollwertige Kirchen anerkennen und deshalb gemeinsam als Kirche leben. Die Kirchengemeinschaft ist die Erfahrung der Einheit der Kirche. Der Begriff der »Kirchengemeinschaft«, kurz »Gemeinschaft« oder »communio«, ist im Laufe der Diskussionen, die im letzten halben Jahrhundert in der ökumenischen Landschaft stattgefunden haben, geklärt und präzisiert worden. Er bezieht sich auf eine zwischenkirchliche Beziehung mit kirchlich-spirituellem Charakter. Das bedeutet nicht, dass der Begriff nicht auch in einem lockereren Sinne verwendet werden kann. Es bedeutet auch nicht, dass bei der Verwendung des Begriffs »Kirchengemeinschaft« alle Kirchen oder konfessionellen Traditionen notwendigerweise immer schon übereinstimmen.

Die Leuenberger Konkordie (LK)[3] ist insofern von hoher historischer, theologischer und kirchlicher Signifikanz, als die konfessionell unterschiedlichen Kirchen, die jahrhundertelang in gegenseitiger Verurteilung oder glänzender Isolation gelebt hatten, in eine Situation gelangten, in der durch profunde theologische Arbeit und Dialog Feindschaft, Trennung, Überlegenheit oder Gleichgültigkeit überwunden wurden und sich die Aussicht auf Gemeinschaft und gemeinsamen Weg eröffnete – die Verheißung, gemeinsam Kirche zu sein.

Kirchengemeinschaft im Sinne der LK bedeutet, dass eine Kirche im Licht des Evangeliums oder in der Kraft des Heiligen Geistes eine andere Kirche als Kirche entdeckt und anerkennt. Sie ist also eine Einladung und eine Verpflichtung, gemeinsam Kirche zu sein. Kirchengemeinschaft bedeutet die gegenseitige Anerkennung der Kirchen als Kirchen inmitten aller Unterschiede. Als solche impliziert sie eine Verpflichtung, die Gemeinschaft nicht nur zu erklären, sondern auch zu leben. Kirchengemeinschaft bedeutet die Einsicht der Kirchen, dass sie nur gemeinsam Kirche sein können, wenn sie Kirche sein wollen. Da die Kirchengemeinschaft voraussetzt, dass die verschiedenen Kirchen das Kirchesein der jeweils anderen ernst nehmen und berücksichtigen, wird sie zu Veränderungen in der Art und Weise führen, wie jede teilnehmende Kirche sich als Kirche versteht und lebt. Das eigene Kirchesein, das geglaubt und bekannt wird, wird durch das gemeinsame Kirchesein vermittelt.

---

[3] Im Folgenden verweise ich auf die LK unter Angabe der Paragraphenziffer nach der dreisprachigen Ausgabe: MICHAEL BÜNKER/MARTIN FRIEDRICH (Hg.), Konkordie reformatorischen Kirchen in Europa (Leuenberger Konkordie), Leipzig 2013, 45–55.

Ich bringe ein Beispiel. Im Jahr 2022 feierte der Lutherische Weltbund sein 75-jähriges Bestehen. So wie meine Heimatkirche, die Evangelisch-Lutherische Kirche von Estland, in 75 Jahren in der Gemeinschaft mit lutherischen Kirchen der ganzen Welt gewachsen ist, so markiert der 50. Jahrestag der Leuenberger Konkordie ein Wachstum der Gemeinschaft meiner Heimatkirche mit Kirchen unterschiedlicher konfessioneller Traditionen in Europa. Es ist *die Katholizität des Evangeliums*, die den Blick auf das Christsein und das Kirchesein erweitert. Es bedeutet, unabdingbar *lokal* zu sein – immer hier und jetzt –, aber es bedeutet immer auch, *gemeinsam* zu sein. Die Kirchengemeinschaft ist aus evangelischer Sicht die intensivste Form der kirchlichen Beziehung und Interaktion in der heutigen ökumenischen Landschaft.

II. Kirchengemeinschaft in der Tradition der Leuenberger Konkordie

1. Das gemeinsame Verständnis des Evangeliums

Der LK als Dokument weist über sich selbst hinaus auf die Wirklichkeit einer Kirchengemeinschaft.[4] Sein Ziel liegt in der Verwirklichung oder Inszenierung der Kirchengemeinschaft

---

[4] Die LK geht in vier Schritten vor: nach einer historischen Kontextualisierung (LK 3–5) wird das gemeinsame Verständnis des Evangeliums beschrieben (LK 6–16). In diesem Licht werden dann für die bisher als kirchentrennend geltenden Lehrfragen Formulierungen angeboten, die zwischen verschiedener Bekenntnis- und Lehrtraditionen eine Brücke bilden, ohne diese jedoch ersetzen zu wollen (LK 27–28). Der Text gipfelt mit einem Abschnitt über die Erklärung und Verwirklichung der Kirchengemeinschaft

und nicht nur in der Herstellung oder Demonstration eines Lehrkonsenses. Es ist daher von entscheidender Bedeutung, das »gemeinsame Verständnis des Evangeliums« (LK 1, 6, 29, 38, 45) nicht als Minimalkonsens der Lehre zu verstehen, sondern als eine gemeinsame Bejahung: Das Evangelium von Jesus Christus bzw. dem dreieinigen Gott in seiner wirksamen Gegenwart ist der lebendige materielle (objektive) und kognitive Grund für alles, was die Kirche zu verkünden, zu lehren, kurz: zu bezeugen hat.

(LK 29–49). Damit wird deutlich, dass die LK als Text über sich selbst hinausweist. Sie verweist auf die Wirklichkeit einer Kirchengemeinschaft, für die dieser Text als Instrument der Vermittlung und Formierung dient. Es ist daher wahr, dass es für das Verständnis der Bedeutung der LK wichtig ist, ihre Vorgeschichte zu berücksichtigen, aber es ist auch und wohl noch wichtiger, die Geschichte zu berücksichtigen, die sich im Laufe des letzten halben Jahrhunderts dank der LK in Form der Gemeinschaft Evangelischer Kirchen in Europa entfaltet hat. Siehe THOMAS-ANDREAS PÕDER, Zur Methode der Leuenberger Konkordie, in: Materialdienst des Konfessionskundlichen Instituts Bensheim, Themenheft: 50 Jahre Leuenberger Konkordie, 74 (2023), 116-123, 116. Im zweiten Abschnitt des vorliegenden Artikels stütze ich mich zum Teil und mit Modifikationen auf Letzteres.

Es gibt bereits eine beträchtliche Menge an (Forschungs-)Literatur über die LK. Monographische Studien in Buchform sind jedoch selten. Zwei Studien, beide aus der Perspektive der systematischen Theologie, sind kürzlich erschienen und können daher erwähnt werden: JAN GROSS, Pluralität als Herausforderung. Die Leuenberger Konkordie als Vermittlungsmodell reformatorischer Kirchen in Europa, Göttingen 2018; JAN-PHILIPP BEHR, Kirchengemeinschaft als produktiver Streit. Genese, systematisch-theologische Reflexion und Programm der Leuenberger Konkordie, Leipzig 2020. Ihre bibliographischen Referenzen sind ebenfalls hilfreich, um sich in der vorhandenen Sekundärliteratur zu orientieren (beide konzentrieren sich auf deutschsprachige Werke).

Denn, was ist Evangelium?[5] Es ist dies, worauf der Glaube ausgerichtet ist und worauf er sich verlässt. Es ist der Gegenstand des Glaubens: das Heil in Jesus Christus. Es ist das Handeln und die Selbstvergegenwärtigung des dreieinigen Gottes gemäß seinem Willen und Wesen. Just dieser *Gegenstand* des Glaubens ist der *Grund* des Glaubens. Das Evangelium ist somit nicht zu reduzieren auf einen Bericht oder auf die linguistische Mitteilung einer Botschaft, sondern impliziert

---

[5] Das Evangelium wird in der LK semiotisch als »die Botschaft« von Jesus als Christus bestimmt (LK 7). Als historische Tatsache wird festgehalten oder behauptet, dass das rechte Verständnis davon in der Tradition der Reformation in der Rechtfertigungslehre gesehen wird (LK 8). Die LK rekonstruiert und bringt diese Botschaft in eigenen Worten (im Anschluss an die Rechtfertigungsterminologie) zur Sprache. Damit wird unterschieden zwischen der (1) Lehrgestalt der Reformationszeit und (2) der Botschaft. Entscheidend wichtig jedoch ist, dass es die in dieser Botschaft verheißene Gegenwart der freien, also: der befreienden und just so verbindenden Gnade Gottes selbst ist, die als wirksamer Grund des *Glaubens* und zugleich der Kirche verstanden wird. Oder andersherum: es ist die in dieser Botschaft verheißene Gegenwart der freien, d. h. der befreienden und so verbindenden Gnade Gottes selbst, die als wirksamer Grund der *Kirche* und zugleich des Glaubens verstanden wird. Weil diese Botschaft auf die Verheißung des Handelns oder der Gegenwart des dreieinigen Gottes bezogen ist, eben deshalb kann sie verstanden werden als eine Botschaft die *zum Zeugnis* von Jesus Christus (LK 9), *zum Lobpreis* Gottes (LK 10) und *zum Dienst* in der Welt (LK 11) befreit. Vgl. auch ULRICH H. J. KÖRTNER, Das gemeinsame Verständnis des Evangeliums und die Rechtfertigungslehre, in: MICHAEL BEINTKER/MARTIN HEIMBUCHER (Hg.), Verbindende Theologie. Perspektiven der Leuenberger Konkordie, Neuenkirchen-Vluyn 2014, 36–69, 50–51, ANDRÉ BIRMELÉ, Zur Ekklesiologie der Gemeinschaft Evangelischer Kirchen in Europa, in: BEINTKER/HEIMBUCHER, Verbindende Theologie, 171–194, 176–183, MICHAEL BEINTKER, Der Wandel der Denkformen und die Hermeneutik, in: BEINTKER/HEIMBUCHER, Verbindende Theologie, 145–170, 156–160.

das Ganze, worauf sich der Glaube bezieht und wodurch der Glaube zustande kommt. Es hat eine ontologische Valenz und ist Mitteilung, Selbstgabe, performative Gemeinschaftsverheißung des dreieinigen Gottes. Insofern gehört zur Bedeutung der LK die Einsicht, dass *alles* Lehren und Leben der Kirche – auch die Lehre der Kirche über sich selbst, ihr Eigenverständnis – sich an der Selbstkommunikation Gottes in Jesus Christus zu orientieren hat (LK 4, 13, vgl. »Kirchengemeinschaft« (KG)[6] 71).

Das Evangelium intendiert und impliziert pragmatisch die *Gewissheit* der Redenden vom *Bestimmt-Sein* durch die *Wahrheit* des Evangeliums (vgl. LK 4). Das Evangelium impliziert das Sich-Verlassen auf und das Sich-Orientieren an Jesus Christus als die Wahrheit Gottes und als Gottes freie Gnade. (Just darauf zielt auch die Gabe der Sakramente – auf die Gegenwart und Selbstgabe Jesu Christi in der Kraft des Geistes. Die Sache des Evangeliums ist die Sache der Predigt, der Taufe und des Abendmahls.)

Die LK impliziert keine Nivellierung oder Relativierung der Bedeutung der kirchlichen Lehre, sondern geht vielmehr davon aus, dass das Ringen um die *Wahrheit* des Glaubens und die *wahre Einheit* der Kirche (LK 1, 2, 4) elementar zum Leben der Kirche hinzugehört. Die LK sagt nicht, dass »nur« eine Verständigung über das Evangelium wichtig und alles andere – z. B. die Lehre von der Kirche oder ihres Amtes – unwichtig

---

[6] Im Folgenden verweise ich auf die KG (offizieller Titel »Kirchengemeinschaft – Church Communion – Communion Ecclésiale. Ergebnis eines Lehrgesprächs der Gemeinschaft Evangelischer Kirchen in Europa«) unter Angabe der Paragraphenziffer nach der zweisprachigen Ausgabe: MARIO FISCHER/MARTIN FRIEDRICH (Hg.), Kirchengemeinschaft. Grundlagen und Perspektiven (LT 16), Leipzig 2019, 25–84.

oder nicht so wichtig sei.[7] Vielmehr gilt, dass *alles* Leben und Lehren – auch die Kirche und ihr Amt – vom Evangelium her empfangen, verstanden und gestaltet werden müssen.

Die LK bedeutet somit, dass die verschiedenen Kirchen gerade deshalb, weil sie jeweils die für sich verbindliche Lehr- und Bekenntnistradition ernst nehmen, *nicht anders können* als Kirchengemeinschaft zu erklären und zu verwirklichen. *Es sind die jeweiligen Lehrtraditionen*, die als Möglichkeitsbedingung für die befreiende und verpflichtende Einsicht in die Fundamental- und Zentralstellung des Evangeliums für *das Ganze* des Lebens und Lehrens gedient haben und dienen.

Ich habe dargelegt, in welchem Sinn und wie *das gemeinsame Verständnis des Evangeliums* der Sachgrund für eine Revision der trennenden Unterschiede in der Lehre *und* der Motivationsgrund für die Erklärung und Verwirklichung der Kirchengemeinschaft ist. Die Bezugsinstanz des gemeinsamen Verständnisses sind im Zusammenhang der LK nicht die Menschen, die eine gemeinsame Position ausgehandelt und miteinander vereinbart haben, sondern Jesus Christus, und das heißt, der dreieinige Gott selbst. Das Gesagte bedeutet, dass im theologischen Sinn die LK nicht als *Grund* bzw. Grundlage jener Kirchengemeinschaft, sondern vielmehr als notwendiges und sich als segenreich erwiesenes *Hilfsmittel* zu ihrer Konsti-

---

[7] So meint z. B. ROBERT JENSON: »The decisive characteristic of Leuenberg is what it does not take up at all. There is no ecclesiology whatsoever. The ministry is not discussed.« R. JENSON, The Leuenberg Agreement in the North American Context, in: WILLIAM G. RUSCH/DANIEL F. MARTENSEN (Hg.), The Leuenberg Agreement and Lutheran-Reformed Relationships. Evaluations by North American and European Theologians, Minneapolis 1989, 97–106, 99.

tuierung und Verwirklichung angesehen werden kann oder sollte.

2. Die bahnbrechende ekklesiale Bedeutung der LK

Die hervorragende Bedeutung der LK besteht darin, eine *Neuqualifikation* der Beziehungen unter den beteiligten Kirchen herbeizuführen: Gemeinschaft anstatt Trennung oder auch Ignoranz und Gleichgültigkeit.[8] Die LK qualifiziert das Verhältnis zwischen den »reformatorischen Kirchen in Europa« (so der offizielle Titel: Konkordie der reformatorischen Kirchen in Europa), insofern sie ihre Lehre und ihr Leben und ihr Verhältnis zueinander konsequent und radikal im Licht der Vermittlungspraxis des Evangeliums – oder des Wortes der Versöhnung (2Kor 5,19) – wahrnehmen und wahrnehmen wollen.

Gemäß der LK wird die wahre *Einheit* der einen und einzigen Kirche Jesu Christi in Gestalt der *Gemeinschaft der Kirchen* vollzogen und bezeugt. Die LK versteht die Kriterien der Einheit der Kirche (LK 2) als Kriterien der Kirchengemeinschaft (LK 28). Bei diesen Kriterien geht es darum, was für die Kirche und ihre Einheit notwendig und hinreichend ist – um die lebendig-wirksame Gegenwart Gottes des Vaters, des Sohnes und des Heiligen Geistes in der Vermittlung des Evangeliums durch Wort und Sakrament.

Die »Gemeinschaft« wird somit als eine im strengen Sinn theologische oder ekklesiologische – d. h. als ekklesiale – Kategorie verstanden, insofern die Gemeinschaft grundlegend auf

---

[8] Die LK »anerkennt«, dass das Verhältnis zwischen den Kirchen sich verändert hat (LK 3). Sie sind »näher zueinander geführt worden« (LK 1).

die Kommunikationsmittel bezogen ist, in denen Jesus Christus durch den Heiligen Geist gegenwärtig ist (LK 13). Gemeinschaft[9] im Sinn von Kirchengemeinschaft enthält Gewährung der »Gemeinschaft an Wort und Sakrament« (LK 29) oder »Kanzel- und Abendmahlsgemeinschaft« (LK 33). Durch die wechselseitige Teilhabe am Wort und Sakrament bezeugen die Mitgliedskirchen ihre gemeinsame Teilhabe »an der einen Kirche Jesu Christi« (LK 34), d. h., ihre Überzeugung, sich vom Handeln und von der Gegenwart des in Freiheit gnädigen Gottes – des dreieinigen Gottes – zu *empfangen*. Ein solches Verstehen des Glaubens und der Kirche konsequent und radikal vom Evangelium her impliziert die Einsicht, dass die Kirchen zum gemeinsamen Dienst befreit, verbunden und verpflichtet sind (LK 34, 36).

Die *Erklärung* der Kirchengemeinschaft ist ein öffentlicher performativer Akt und transformiert die Beziehungen der beteiligten Kirchen zueinander. Im Sinn der LK gehört zur Kirchengemeinschaft zweierlei: ihre Erklärung und ihre Verwirklichung. Mit der Erklärung der Kirchengemeinschaft bezeugen die beteiligten Kirchen, dass sie vom Evangelium her *schon jetzt* ihr jeweiliges Zeugnis und Dienst als ein gemeinsames Zeugnis und Dienst wahrnehmen, zugleich aber, dass

---

[9] Das ursprüngliche deutsche Wort für »Gemeinschaft« oder »Kirchengemeinschaft« in der LK ist in der englischen Übersetzung der LK (zuletzt revidiert im Jahr 2011) »fellowship«. Im Lichte der inhaltlichen und terminologischen Klärungen, die durch das Ergebnis des Lehrgesprächs zum Thema »Kirchengemeinschaft« angeregt wurden, lautet die Äquivalenz jetzt »(church) communion«. Diese Klärung spiegelt sich auch im englischen Namen der GEKE wider (Leuenberg Church Fellowship ▸ Community of Protestant Churches in Europe ▸ Communion of Protestant Churches in Europe).

sie *auf den Weg* einer Verstärkung und Vertiefung dieser Gemeinschaft geleitet worden und damit beauftragt sind.

3. Verwirklichung der Kirchengemeinschaft als Wahrnehmung der Einheit der Kirche

3.1 Fünf Dimensionen bzw. Verifikationsorte
Zusätzlich zur konstitutiven Gemeinschaft im Gottesdienst erfolgt die Verwirklichung der Kirchengemeinschaft in vier Richtungen oder Dimensionen (KG 89): als (1) Gemeinschaft im Zeugnis und Dienst, als (2) Gemeinschaft im Lehren und Lernen, als (3) Gemeinschaft der wachsenden Gestaltwerdung und als (4) Gemeinschaft in der gemeinsamen ökumenischen Verpflichtung. Insgesamt gibt es also fünf (KG 70, 112) Hauptrichtungen oder Grunddimensionen der Kirchengemeinschaft.[10]

(1) Der LK zufolge führen die Kirchen ihr »Zeugnis und [ihren] Dienst« (LK 36) gemeinsam aus. Einerseits wird dies eigens als eine der Dimensionen der Realisierung der Kirchen-

---

[10] Das Ergebnis des Lehrgesprächs »Kirchengemeinschaft« (2018) unterscheidet zu Recht explizit zwischen den fünf Komponenten der Grundstruktur der Verwirklichung von Kirchengemeinschaft, ist dabei aber sprachlich und kompositorisch nicht ganz konsequent. Die LK beschreibt die Verwirklichung in vier Punkten (LK 36–49) und betitelt sie mit den Buchstaben a-b-c-d, benennt sie aber nicht im Kollektiv. Der Titel des letzten Punktes lautet »Ökumenische Aspekte«. Dies findet seinen Widerhall in »Die Kirche Jesu Christi«, der bisher am meisten beachteten lehrmäßigen Erklärung der GEKE, die von »Dimensionen« oder »Richtungen« bei der Ausübung der Kirchengemeinschaft spricht: MICHAEL BÜNKER/MARTIN FRIEDRICH (Hg.), Die Kirche Jesu Christi. Der reformatorische Beitrag zum ökumenischen Dialog über die kirchliche Einheit (LT 1), Leipzig ⁵2018, 21–80, 73.

gemeinschaft beschrieben – als Dienst in der Liebe, als Eintreten für Frieden und Gerechtigkeit (LK 36) –, andererseits beziehen sich Zeugnis und Dienst der LK zufolge auch direkt auf die Kommunikation des Evangeliums und charakterisiert so den Charakter des kirchlichen und christlichen Lebens insgesamt (LK 13).

(2) Das gemeinsame Verständnis des Evangeliums ist etwas Dynamisches. Die Konkordie als Dokument ist Darstellung »eine(r) im Zentralen gewonnene(n) Übereinstimmung« (LK 37). Nach der LK steht die theologische Arbeit im Dienst der Leitung des gemeinsamen Zeugnisses und Dienstes, insofern diese Arbeit auf die Pflege des gemeinsamen Verständnisses des Evangeliums bezogen ist. Die Anerkennung des gemeinsamen Verständnisses des Evangeliums als Grundlage und Zentrum der Kirchengemeinschaft ist zugleich Anerkennung der Aufgabe und der Verantwortung für die kontinuierliche Fortsetzung der gemeinsamen Lehrgespräche und der gemeinsamen theologischen Studien. Ich werde im dritten Teil ausführlicher darauf zurückkommen.

(3) Die Erklärung der Kirchengemeinschaft wird nicht automatisch die Ordnung und das Recht der Kirchen ändern. Kirchen »berücksichtigen« (LK 42) die Konkordie. Sie qualifiziert und gestaltet das Miteinander und Verhältnis der Kirchen. Diese Berücksichtigung gehört in den Kontext der schrittweisen Realisierung der Kirchengemeinschaft. Das Zeugnis des Glaubens und die Ordnung der Kirche sind auf jeden Fall der LK zufolge sachlich aufeinander bezogen (LK 45). Die Lebensordnung der Kirchen, ihr Verhältnis jeweils zu sich und zueinander, »berücksichtigt« das Einverständnis der Konkordie. Folglich: Zur Bedeutung der LK gehört, dass sie sich selbst nicht unmittelbar als ein kirchenrechtliches Dokument versteht. Sie geht jedoch explizit davon aus, dass die Überein-

stimmung im Zentralen und die wechselseitige Anerkennung als Kirchen nicht einen faulen Frieden und eine bloße Absegnung des *status quo* bedeuten kann.

(4) Die LK hebt als letzten Schritt den Dienstcharakter der Erklärung und Verwirklichung von Kirchengemeinschaft (der Kirchen der Reformation in Europa) (LK 46) für die ökumenische Gemeinschaft aller Kirchen hervor. Wie sich gezeigt hat, sieht die LK die Erklärung und Verwirklichung von Kirchengemeinschaft als Ausdruck der Freiheit des Glaubens oder des Glaubensgehorsams. Es handelt sich um Gehorsam gegenüber dem Evangelium, um ein Ergebnis und eine Gabe des einheitsstiftenden Wirkens des Heiligen Geistes. Die LK stellt die Erklärung und Verwirklichung von Kirchengemeinschaft ausdrücklich in den umfassenderen Horizont der »Gemeinschaft aller christlichen Kirchen« (LK 46). Die Gemeinschaft aller christlichen Kirchen als Kirchen ist das »Ziel« der Ökumene (LK 47). Die Annäherung an dieses Ziel erfolgt nicht zuletzt durch die Erklärung und Praxis von Gemeinschaft unter den reformatorischen Kirchen Europas. Kirchengemeinschaft zwischen diesen Kirchen wird gesehen als ein »neuer Impuls« für ökumenische Begegnung, ökumenische Zusammenarbeit und ökumenischen Lehrgespräche (LK 49).

Mit der Erklärung von Kirchengemeinschaft wird *das Evangelium* als Grundlage für das Verständnis von *Gestalt und Auftrag* der Kirche bestätigt und anerkannt. Diese evangelische oder am Evangelium orientierte – und genau und nur in diesem Sinne protestantische – Perspektive wird in den ökumenischen Dialog eingebracht.[11] Das Subjekt des ökumeni-

---

[11] Als Übereinstimmung im Verständnis des Evangeliums ist die Leuenberger

schen Gesprächs sind nicht die konfessionsverschiedenen Mitgliedskirchen separat oder als bloße Summe, sondern sie sind es gemeinsam. Auch hier gilt: ihre unterschiedlichen Stimmen sind dem Eigenverständnis nach zur gemeinsamen Bezeugung der »Stimme des Evangeliums« zusammengeführt (vgl. KG 124).

Diese fünf Dimensionen des kirchlichen Lebens sind die *Verifikationsorte* (KG 70), an denen die *Einheit* der einen Kirche Jesu Christi erfahrbar wird und sich bewährt. Die Mitgliedskirchen der Kirchengemeinschaft erfahren: sie sind *gemeinsam* – nicht allein und nicht exklusiv – die eine Kirche Jesu Christi, die eine heilige, katholische, apostolische Kirche. Die Verwirklichung der Kirchengemeinschaft vertieft und bezeugt die *Ekklesialität* der GEKE und ihrer Mitgliedskirchen. Die GEKE ist *eine historisch konkrete Gestalt* der einen, heiligen, katholischen und apostolischen Kirche Jesu Christi – eine Weise, sie zu erfahren, zu vollziehen und zu leben.

Ich habe mich hier auf das von der GEKE-Vollversammlung im Jahr 2012 initiierte Lehrgespräch zum Thema Kirchengemeinschaft bezogen, dessen Ergebnis von der GEKE-Vollversammlung im Jahr 2018 in Basel verabschiedet wurde. In diesem Beschluss heißt es (Beschluss 4): »Die Vollversammlung betrachtet das Lehrgesprächsergebnis als eine gute Beschreibung des der GEKE zugrundeliegenden Modells[12] von Kirchengemeinschaft. Sie macht sich das Lehrgesprächsergebnis zu eigen und bittet darum, es bei der künftigen Ausgestal-

---

Konkordie eine »evangelische Konkordie«. Sie ist keine Übereinstimmung, die ausschließlich zur Überwindung von Spaltungen unter Protestanten gedacht und konzipiert wäre. Sie ist keine Übereinstimmung zur Stärkung der gemeinsamen Stimme gegen die römisch-katholische Kirche.

[12] Vgl. KG 36, 67.

tung der inneren Verhältnisse und äußeren Beziehungen der GEKE zu berücksichtigen.«[13] Das Ergebnis des Lehrgesprächs klärt und entwickelt das Verständnis der GEKE von Kirchengemeinschaft – und damit ihr Selbstverständnis als dem Evangelium verpflichtet – weiter. Es unterstreicht, dass der LK die Einheit der Kirche durch die Gemeinschaft der Kirchen versteht und umgekehrt (vgl. KG 1, 60). Die LK arbeitet also nachdrücklich mit einem theologischen Verständnis von der Kirche, gesehen mit den Augen des Glaubens, oder aus der pneumatischen Perspektive.

3.2 Pluralität der Kirchen und die Einheit der Kirche in der LK
Das bedeutet meines Erachtens z. B., dass der Ausgangspunkt der LK nicht die Pluralität oder Vielfalt der Kirchen ist, als ob die LK eine Bewegung von einer solchen Pluralität der Kirchen hin zur Einheit der Kirche vollziehen würde. Es ist irreführend, zu meinen, die LK nehme die Einheit, Einzigartigkeit und Singularität der Kirche Jesu Christi nicht ernst. Es ist nicht so, dass das deutsche Wort »Kirchengemeinschaft« im Kontext der LK in erster Linie eine Gemeinschaft der Kirchen (Kirchen im Plural bzw. Vielfalt) beschreibt – also die Summe der verschiedenen Kirchen –, die dann sekundär als *Kirchengemeinschaft* (Kirche im Singular bzw. Einheit) für zusammengehörig erklärt werden.[14]

---

[13] Schlussbericht der 8. Vollversammlung, in: MARIO FISCHER/KATHRIN NOTHACKER (Hg.), Befreit – Verbunden – Engagiert. Evangelische Kirchen in Europa. Dokumentationsband der 8. Vollversammlung der Gemeinschaft Evangelischer Kirchen in Europa, Leipzig 2019, 45–56, 80.

[14] So interpretiert Kirchengemeinschaft im Sinn der LK z. B. BARBARA HALLENSLEBEN, *Katholische Kirchen. Eine katholische Sicht von Kirchengemeinschaft im Vergleich zur Leuenberger Konkordie*, in: FAZAKAS/FISCHER/

Vielmehr ist die LK ein öffentliches und offizielles Instrument, die sich auf die notwendigen Kennzeichen einer wahren Kirche – der einen und einzigen Kirche – konzentriert und einen Konsens darüber erzielt. Auf diese Weise ermöglicht die LK den verschiedenen Ortskirchen, die eine wahre Kirche Jesu Christi als solche zu erkennen und anzuerkennen, die sich in den jeweils anderen Kirchen konkret und erfahrbar verwirklicht (KG 66).

So spricht die LK, indem sie die Gemeinschaft der Kirchen erklärt und die Grundzüge ihrer Verwirklichung umreißt, natürlich von der Einheit der Kirche[15] – der einen und einzigen wahren Kirche Jesu Christi. Eine Gemeinschaft von Kirchen ist eine Kirchengemeinschaft – sie ist eine konkrete Form der Verwirklichung der Kirche Jesu Christi, die vom Glauben in

---

PÕDER, Gemeinsam Kirche sein (s. Fußnote 1), 113–127. Auf Englisch wäre also »church communion« (Kirche im Singular) asymmetrisch via »communion of churches« (Kirchen im Plural) zu verstehen. »Church communion« drücke faktisch eine sachliche Priorisierung der Vielfalt (der Kirchen) zugunsten der Einheit der Kirche aus.

[15] Ein Artikel von ANDRÉ BIRMELÉ beginnt sogar mit Worten: »In der Leuenberg Konkordie, deren 40. Jubiläum wir in diesem Jahr feiern, geht es um nichts anderes als um die Einheit der Kirche.« ANDRÉ BIRMELÉ, 40 Jahre Leuenberger Konkordie – Entstehung und Wirkungsgeschichte, in: BEINTKER/HEIMBUCHER, Verbindende Theologie (s. Fußnote 5), 17–35, 17; ANDRÉ BIRMELÉ, Das Einheitsverständnis der Gemeinschaft Evangelischer Kirchen in Europa (GEKE), in: Die evangelische Diaspora. Die Verwirklichung der Leuenberger Konkordie in evangelischen Minderheitskirchen, Jahrbuch des Gustav-Adolf-Werkes e.V., 85 (2016), 13–27, 14; ANDRÉ BIRMELÉ, Kirchengemeinschaft. Von der Leuenberger Konkordie zur Gemeinschaft Evangelischer Kirchen in Europa (GEKE), in: MICHAEL BÜNKER/BERND JAEGER (Hg.), 40 Jahre Leuenberger Konkordie. 1973–2013, Wien 2014, 227–255.

der Geschichte und in unserer Gegenwart erfahren und für ihn sichtbar wird. Die Aufgabe und Berufung, Gemeinschaft zu verwirklichen, bedeutet die Verwirklichung der Einheit der Kirche Jesu Christi (KG 65). Das Sein in Gemeinschaft gehört wesentlich zum Kirchesein.

Kirchengemeinschaft, wie sie in der GEKE praktiziert wird, impliziert die Verpflichtung, alles zu beseitigen, was das Zeugnis von der Einheit der Kirche in Christus verdunkelt (KG 57). »Als gelebte Gottesdienstgemeinschaft ist die GEKE *eine* Kirche in versöhnter Verschiedenheit. Es ist entscheidend und sollte selbstverständlich werden, dass die Kirchen der GEKE sich gemeinsam als *eine* Kirche verstehen und dies auch deutlich sagen und zum Ausdruck bringen.« (KG 96)

3.3 Drei Probesteine für die Verwirklichung der GEKE
Nach dem Selbstverständnis der GEKE als Kirchengemeinschaft in der Tradition der LK, die seit einem halben Jahrhundert gewachsen und gereift ist und sich im Ergebnis des Lehrgesprächs »Kirchengemeinschaft« darstellt, sind die wichtigsten Herausforderungen für ihre Verwirklichung *Verbindlichkeit, Rezeption, Katholizität* (KG 65–64, d. h. Teil 3). Diese drei signalisieren nicht die Herausforderungen, denen sich diese Kirchengemeinschaft nur in einem Bereich ihres Lebens gegenübersieht, oder die dadurch entstehen, dass die wirklichen und realen Probleme der Menschen oder der Welt vergessen werden und die GEKE sich stattdessen mit sich selbst beschäftigt. Vielmehr signalisieren Verbindlichkeit, Rezeption und Katholizität Herausforderungen in jeder der »fünf Dimensionen der Kirchengemeinschaft« (KG 89), nicht zuletzt im Zusammenhang des gemeinsamen Lehrens.

III. Gemeinsames Lehren in der Tradition der Leuenberger Konkordie

1. »Gemeinsames Lehren«

Die gemeinsame theologische Arbeit hat in den vergangenen 50 Jahren der GEKE unbestritten eine wichtige Rolle gespielt. Doch wie können wir ihre Rolle und Bedeutung genauer verstehen? Davon hängt unter anderem ab, wie wir die aktuelle theologische Arbeit der GEKE auffassen und welche Rolle sie in Zukunft spielen könnte oder sollte. Zu welchen Themen, mit welchem Ziel, in welcher Weise und ob überhaupt soll sie fortgesetzt werden?

Ist es etwa nicht so, dass die in der Leuenberger Konkordie explizit genannten Themen, die einer »theologischen Weiterarbeit« (LK 39) bedürfen, alle bereits bearbeitet worden sind? Und wenn ja, ist es nicht der Fall, dass an die Stelle der theologischen Arbeit nun verstärkt andere Arbeitsfelder treten können oder sogar müssen: zum Beispiel »Zeugnis und Dienst« oder die Artikulation einer »gemeinsamen protestantischen Stimme« in Europa – um nur einige wichtige Leitmotive oder Schlagworte aus dem Vokabular der GEKE zu nennen.

Diese immer wieder zu hörende Auffassung, dass die GEKE ihre gemeinsame theologische Arbeit in den Lehrgesprächen mehr oder weniger abgeschlossen hat, kann nicht nur, aber auch von denjenigen vertreten werden, die sich einmal kritisch über den Minimalkonsens und die angeblich proleptische Methode der Leuenberger Konkordie geäußert haben. Wenn dies tatsächlich zuträfe, könnte heute vielleicht gesagt werden, dass seit der Leuenberger Konkordie, die sich ursprünglich auf das lehrmäßige Minimum beschränkte, der Prozess der Lehrkonsensbildung Schritt für Schritt weiterging und der Kreis sich nun geschlossen hat. Die zunächst minimalistische und damit mangelhafte Lehrgrundlage der Kirchengemeinschaft sei im Laufe der folgenden Jahre sozusagen ergänzt worden, und heute verfüge die GEKE – Gott sei Dank! – über eine solide »Lehrgrundlage«. Die gute Nachricht, wenn ich das so formulieren darf, laute deshalb: Aus der Leuenberger Konkordie ist die Konkordienbibliothek, die Buchreihe »Leuenberger Texte« geworden, und sie bildet die lehrmäßige Grundlage dieser Gemeinschaft der Kirchen. Meiner Meinung nach, wie schon angedeutet, ist dies jedoch nicht der Fall. Die LK beruft sich nicht auf einen Minimalkonsens, und die Leuenberger Kirchengemeinschaft, wie die GEKE früher genannt wurde, beruht nicht auf einem gemeinsamen Lehrkorpus, sondern auf dem »gemeinsamen Verständnis des Evangeliums« – verstanden in zweierlei Weise: als ein Verständnis über das Evangelium und als ein Verständnis, das im Evangelium begründet ist.

In der LK ist von »gemeinsamen Lehren« nicht ausdrücklich die Rede, wohl aber von »gemeinsamer theologischer Arbeit« (LK 41) und von »Lehrgesprächen«. Das Ergebnis des Lehrgesprächs »Kirchengemeinschaft«, das die Vollversammlung im Jahr 2018 sich zu eigen machte, spricht jedoch von »gemeinsamen theologischen Lehren und Lernen«[16] (KG 21). »Gemeinschaft im Lehren« – also »gemeinsames Lehren« – wird als einer der Orte beschrieben, an denen die Kirchengemeinschaft

---

[16] Laut MICHAEL BEINTKER, »Die Lehrgespräche, die zur Leuenberger Konkordie führten, und die Lehrgespräche, die durch sie dann eröffnet wurden [...], zielen [...] auf gemeinsame Lernprozesse«. BEINTKER, Der Wandel der Denkformen und die Hermeneutik, in: BEINTKER/HEIMBUCHER, Verbindende Theologie (s. Fußnote 5), 145–170, 169.

erfahren und verwirklicht wird. Die Kirchengemeinschaft wird als »Gemeinschaft im Lehren« – als Lehrgemeinschaft – erfahren. Die Erfahrung von Gemeinschaft bedeutet, die Einheit der Kirche Jesu Christi zu erfahren. So wird die »weitere theologische Arbeit«, von der im LA die Rede ist, als »Gemeinschaft im Lehren« charakterisiert. Diese Rede von und Vorstellung von »gemeinsamen Lehren« ist meines Erachtens eine legitime, treffende und nahe liegende Weise, einen notwendigen Aspekt oder eine Grunddimension des Lebensvollzugs der GEKE zu beschreiben. Alle diese Orte der Erfahrung und Vergewisserung von Kirchengemeinschaft sind miteinander verbunden und bedingen sich gegenseitig. Sie bilden durchgängig und dauerhaft die *Grundstruktur* der Kirchengemeinschaft, auch wenn es bei ihrer Ausgestaltung erhebliche Unterschiede gegeben hat und geben wird.

2. Pflege und Förderung des gemeinsamen Verständnisses des Evangeliums

Gemäß der LK steht die kontinuierliche *theologische Arbeit* im Dienst der Leitung des gemeinsamen Zeugnisses und Dienstes (LK 37), insofern diese Arbeit auf *die Pflege des gemeinsamen Verständnisses des Evangeliums* bezogen ist. Gemeinsames Lehren beinhaltet sowohl ein sorgfältiges Bemühen um Kontinuität als auch eine sensible Offenheit für theologische Innovationen. Die Anerkennung des gemeinsamen Verständnisses des Evangeliums als Grundlage und Zentrum der Kirchengemeinschaft ist zugleich Anerkennung der Aufgabe und der Verantwortung die gemeinsamen Lehrgespräche und die gemeinsamen theologischen Studien kontinuierlich fortzusetzen. So erfolgt – je in Gegenwart – (1) Vertiefung, Überprüfung und Aktualisierung des Verständnisses des Evangeliums (LK 38). So erfolgt (2) Zusammenführung statt Nivellierung der Unterschiede in den lehrmäßigen und theologischen Traditionen der Kirchen und (3) gemeinsame Bewältigung der neuen Herausforderungen des kirchlichen und christlichen Lebens. Dazu kommt (4) lehrmäßiger Dialog mit Kirchen anderer Konfessionen (LK 49) und – so sollte heute unbedingt hinzugefügt werden – mit anderen Kirchengemeinschaften; insbesondere mit jenen, in denen Kirchen verschiedener konfessioneller Traditionen gemeinsam Kirche sind. Wohlgemerkt: Insofern gemeinsame theologische Arbeit im Dienst des Zeugnisses von der Wahrheit des Evangeliums (LK 41) gesehen wird, gehört auch sie zum gemeinsamen Zeugnis und Dienst hinzu.

3. Lehrgespräch und Lehrgesprächstext

Lehrgespräche spielen eine Schlüsselrolle in der gemeinsamen theologischen Arbeit. Ein Lehrgespräch vollzieht sich, etwas vereinfacht gesagt, als gemeinschaftliche Erarbeitung eines Textes, des Lehrgesprächstextes. Im Folgenden werde ich den Prozess eines Lehrgesprächs beschreiben, dessen Struktur und Arbeitsweise auf die ekklesialen Besonderheiten der GEKE zugeschnitten ist und das zum Ausdruck bringen soll, wie die Kirchen der GEKE gemeinsam sprechen und denken – zum Beispiel über »Kirchengemeinschaft« (2018) oder über »Kirche und Israel« (2001)[17]. Meine folgende Beschreibung modelliert

---

[17] Deutscher Originaltext in zweisprachiger Neuausgabe: MARIO FISCHER/ MARTIN FRIEDRICH (Hg.), Kirche und Israel. Ein Beitrag der reformatorischen Kirchen Europas zum Verhältnis von Christen und Juden (LT 6), Leipzig 2021, 17–93.

den Prozess des Lehrgesprächs der letzten Jahrzehnte, d. h. es gibt Variationen im Detail und es sind manche wohlüberlegten Änderungen vorgenommen worden.

Neben den Lehrgesprächen, deren Prozess eine größtmögliche Beteiligung der Mitgliedskirchen anstrebt und deren Texte daher die größte Verbindlichkeit beanspruchen, nimmt die gemeinsame theologische Arbeit in der GEKE auch andere Formen an. Es lassen sich mehrere Ebenen von theologischen Dokumenten aus dem GEKE-Kontext unterscheiden. Ich werde mich hier auf das Format der Lehrgespräche im strikten Sinne beschränken.

Die Aufnahme eines Lehrgesprächs und die Verabschiedung seiner Ergebnisse werden von der Vollversammlung der GEKE beschlossen, die sich aus offiziellen Delegierten der Mitgliedskirchen zusammensetzt. Das bedeutet, dass der Prozess der Lehrgespräche zwischen den beiden Vollversammlungen insgesamt ca. sechs Jahre dauert und in ständiger Kommunikation mit dem Rat der GEKE geführt wird, der in der Zeit zwischen den Vollversammlungen das Leitungsorgan der GEKE ist. Der Rat der GEKE bildet eine kleine Startgruppe von etwa fünf bis sieben Personen für das Lehrgespräch, die sich aus delegierten Vertreterinnen und Vertretern der Mitgliedskirchen zusammensetzt und die verschiedenen konfessionellen Traditionen, regionalen Kontexte usw. der GEKE repräsentiert. Diese anfängliche Arbeitsgruppe wird einen ersten Entwurf des Textes für das Lehrgespräch ausarbeiten und ihn dem Rat vorlegen.

Der Rat erörtert den Text und beschließt, den ersten Entwurf des Lehrgesprächstextes zur Prüfung und Diskussion an die Mitgliedskirchen zu senden. Alle Mitgliedskirchen werden eingeladen, einen Vertreter oder eine Vertreterin in die Konsultation zum Textentwurf zu entsenden. Die Konsultation wird eine intensive Diskussion über den Textentwurf des Lehrgesprächs beinhalten. Im Anschluss an die Konsultation wird der Rat der GEKE eine Redaktionsgruppe einsetzen, wofür die Startgruppe um mehrere Konsultationsteilnehmende erweitert wird. Ihre Aufgabe wird es sein, den Text zu bearbeiten und ihn im Lichte der Diskussionen der Konsultation weiterzuentwickeln. Als Ergebnis der Arbeit der Redaktionsgruppe wird eine überarbeitete Fassung des Lehrgesprächs vorliegen.

Wiederum ist es der Rat, der darüber entscheidet, ob der Text an die Mitgliedskirchen zur Diskussion und zur schriftlichen Stellungnahme weitergeleitet werden kann. Im Lichte der von den Mitgliedskirchen erhaltenen Rückmeldungen überarbeitet die Redaktionsgruppe den Text des Lehrgesprächs, und der Rat beschließt nun, das Dokument der Vollversammlung zur Diskussion und Entscheidung vorzulegen. Die Vollversammlung erörtert den Text, wobei sie das Recht hat, auch Änderungen vorzunehmen, und fasst einen Beschluss über den Text. Das Ergebnis wird dann in der offiziellen bilingualen GEKE-Schriftenreihe »Leuenberger Texte« veröffentlicht und der Prozess der Rezeption des Textes in den Mitgliedskirchen kann beginnen.[18]

Ich habe erwähnt, dass die GEKE verschiedene Formen und Methoden für die gemeinsame theologische Arbeit entwickelt hat. Dementsprechend unterscheiden die Beschlüsse der

---

[18] Viele Texte sind in zahlreiche Sprachen übersetzt worden. In mehreren Teilen Europas gehört die Begegnung mit ausgewählten GEKE-Dokumenten mehr oder weniger zum Standard des Theologiestudiums und des Pastoralseminars, d. h. der eher praktischen Ausbildung nach dem akademischen Theologiestudium.

Vollversammlungen der GEKE vier Stufen der Anerkennung von theologischen Dokumenten: Die höchste Stufe lautet »sich zu eigen machen«. Es folgen »annehmen«, »entgegennehmen« und »zur Kenntnis nehmen«.[19] Ein Lehrgesprächsergebnis, dem die höchste Stufe der Anerkennung durch die Vollversammlung zuteilgeworden ist, »wird zur Grundlage der GEKE-Position für künftige Lehrgespräche und ökumenische Dialoge. Die Vollversammlung empfiehlt den Mitgliedskirchen die Rezeption des Dokuments.« So das GEKE-Glossar für die Vollversammlung von 2018.[20] Dasselbe Glossar definiert das Lehrgespräch mit Verweis auf LK 37 als ein »Studienprojekt, das auf verbindliche Festlegung der Lehre zielt«.[21]

IV. Thesen zur Konkretisierung

Ich schließe diese Überlegungen zum gemeinsamen Lehren in einer Kirchengemeinschaft in der Tradition der LK mit zwölf konkretisierenden Thesen, einem Kommentar zur Rezeption als Prüfstein und einem Kommentar zum Ziel einer Kirchengemeinschaft in der Tradition der LK.

---

[19] Entsprechend auf Englisch: *to adopt, approve, receive, take note of*.

[20] S. 9. Das dreisprachige GEKE-Glossar, erstellt für die 8. Vollversammlung 2018 im Lichte der Ergebnisse des Lehrgesprächs zur »Kirchengemeinschaft«. Es wurde für die 9. Vollversammlung im Jahr 2024 neu aufgelegt und steht auf der Internetseite der GEKE unter der Registerkarte »Dokumente«, genauer im Zusammenhang der Dokumente der 9. Vollversammlung in Sibiu, zum Runterladen bereit.

[21] Glossar, S. 3.

(1) Kirchengemeinschaft verwirklicht sich in der GEKE neben anderen »Orten« (KG 70) als Gemeinschaft im Lehren, als Lehrgemeinschaft, als Raum gemeinsamer theologischer Praxis.

(2) Die Quelle und das Kriterium des gemeinsamen Lehrens ist die Wahrheit des Evangeliums (LK 4) – gemeinsames Lehren ist eine Konzentration auf das Evangelium und eine ständige Rückbesinnung auf dieses.

(3) Die Orientierung für das gemeinsame Lehren und Lernen ist das gemeinsame Verständnis des Evangeliums.

(4) Gemeinsames Lehren trägt dazu bei, das gemeinsame Verständnis des Evangeliums zu erhalten, zu vertiefen und zu aktualisieren.

(5) Gemeinsam verbindliche Texte für gemeinsames Lehren sind für alle Gliedkirchen die Heilige Schrift und die altkirchlichen Glaubensbekenntnisse (LK 12, 14).

(6) Im gemeinsamen Lehren sind die Kirchen verbunden an den für sie jeweils verbindlichen Bekenntnissen oder achten ihre jeweiligen theologischen Traditionen (LK 30, 37).

(7) Gemeinsames Lehren in der Gemeinschaft unterschiedlich verschiedener – auch konfessionell verschiedener – Kirchen integriert die Vielfalt der Formen »verbindlicher Lehre« der Mitgliedskirchen, d. h. gemeinsames Lehren dient der Einheit in versöhnter Vielfalt.

(8) Da gemeinsames Lehren Brücken baut, indem es sich am gemeinsamen Verständnis des Evangeliums orientiert, muss gemeinsames Lehren auch die konfessionell-geistliche Vielfalt der Gliedkirchen bewahren, zur

Darstellung bringen, unterstützen und weiterentwickeln, anstatt sie zu beseitigen.

(9) Gemeinsames Lehren ist immer auch gemeinsames Lernen (vgl. KG 21): Es ist ein Lernen voneinander, von neuen Situationen und Erfahrungen, von anderen Disziplinen.

(10) Gemeinsames Lehren und Lernen [1] prägt und gestaltet das Leben der Mitgliedskirchen und der Kirchengemeinschaft, [2] ist Teil des gemeinsamen Zeugnisses und Dienstes und [3] vollzieht sich im Gottesdienst und [4] in der Bewegung und verbindlichen Interaktion der GEKE in der weiteren ökumenischen Landschaft.

(11) Gemeinsames Lehren – auch durch die ökumenischen Dialoge der GEKE – unterstützt das gemeinsame Leben und Handeln der GEKE, da durch sie – nicht ausschließlich, aber ausdrücklich – das Selbstverständnis der GEKE artikuliert und gestaltet wird.

(12) Gemeinsames Lehren bedeutet, dass die GEKE nach ihrem Selbstverständnis die übliche Aufteilung der ökumenischen Landschaft in multilaterale und bilaterale Ökumene überschreitet. In ökumenischen Kontakten und Dialogen kann die GEKE ihre gemeinsame Stimme erproben, einüben und entwickeln, kann sie als kirchliche Gemeinschaft wachsen, kann sie die Einheit, Heiligkeit, Katholizität und Apostolizität der Kirche des Evangeliums erleben, vermitteln und fördern.

Lehrgespräche und andere Formen der gemeinsamen theologischer Arbeit entwickeln, vertiefen, vermitteln und dokumentieren das lebendige und dynamische Selbstverständnis der GEKE als Kirchengemeinschaft. Ihre Berücksichtigung –

ihre Rezeption – in den Mitgliedskirchen der GEKE ist nicht zuletzt ein Zeichen gegenseitiger Anerkennung, Aufmerksamkeit und Anteilnahme. Die gemeinsame theologische Arbeit bringt Mitgliedskirchen über ganz Europa in der Vielfalt ihrer partikularen Lehrtraditionen, ihrer geistigen, sozialen und politischen Erfahrungen, ihrer theologischen Kompetenzen, ihrer sprachlichen und kulturellen Kontexte zusammen. Ein Probestein für alle an der GEKE beteiligten Personen, für diejenigen, die öffentlich zur Leitung der Kirche berufen sind, und insbesondere für alle Studierende und Lehrende der Theologie aus dem Kontext der GEKE ist, inwieweit und wie sie sich selbst als inspiriert und verantwortlich verstehen, an dem »gemeinsamen Lehren« mitzuwirken. Die elementarste Form der Partizipation besteht in der kritischen, aber wertschätzenden Rezeption seiner Ergebnisse, in deren Berücksichtigung und Ernstnehmen.

Das Ziel der LK ist, wie oben umrissen, die Realität einer lebendigen, sich fortentwickelnden Gemeinschaft der Kirchen in der Gegenwart. Die Bedeutung der LK wird deshalb nicht ausreichend verstanden, wenn sie nur als Ergebnis ihrer Vorgeschichte betrachtet wird. Vielmehr gehört es zur Bedeutung der LK, einen gemeinsamen Weg zu eröffnen. Deshalb gilt: Die LK ist heute weiterhin im Vollzug und in Anwendung als die konkrete Lebensgestalt der Gemeinschaft Evangelischer Kirchen in Europa.

Die GEKE als ekklesiale Gemeinschaft ist ein tätiges Zeugnis vom Leben der einen Kirche Jesu Christi. Sie ist zeichenhaft-leibhaft ein Inkrafttreten der heilbringenden Gemeinschaft mit Christus, die allen Menschen verheißen ist und in der Gemeinschaft von Gott, dem Vater, dem Sohn und dem Heiligen Geist gegründet ist. Die Bedeutung der LK für die Kirchen in Europa liegt deshalb genau darin, dass die GEKE *werden will*, was sie im Zeichen des Kreuzes demütig und selbstkritisch *schon ist* – nämlich: ein Werkzeug und Zeugnis der in Christus versöhnten Menschheit samt der gesamten Kreatur.

André Birmelé

Das Selbstverständnis der GEKE als Kirchengemeinschaft und Kirche

Einleitung

Das Wort Kirchengemeinschaft steht in der neueren deutschsprachigen Theologie für die Einheit der Kirche. Die dafür grundlegende Arbeit ist das Werk von Werner Elert.[1] Um die Einheit der Kirche, die *communio sanctorum* oder *communio ecclesiarum* zu beschreiben, gebraucht er diesen Begriff und verbindet diesen mit der Abendmahlsgemeinschaft. Wie die Abendmahlsgemeinschaft ist die Kirchengemeinschaft Teilnahme an Christus und so Teilnahme der einzelnen Kirchen an der *una, sancta, catholica et apostolica ecclesia.* Kirchengemeinschaft ist weit mehr ist als eine Versammlung von Gläubigen.

In diesem Sinne wird dann auch in der neueren deutschen Theologie das Wort *Kirchengemeinschaft* als synonym für Einheit der Kirche verwendet, so z. B. bei Wolfhart Pannenberg oder Christine Axt-Piscalar und auch in den Dialogergebnissen der VELKD mit der deutschen katholischen Bischofskonferenz.[2]

---

[1] WERNER ELERT, Abendmahl und Kirchengemeinschaft in der alten Kirche hauptsächlich des Ostens, Berlin, Lutherisches Verlagshaus, 1954.
[2] WOLFHART PANNENBERG folgt Werner Elert und betont, dass Kirchengemeinschaft und Abendmahlsgemeinschaft sich gegenseitig bedingen,

1. Die LK und die Texte der GEKE.[3]

Bereits in ihren Eingangsparagraphen ist für die LK »Kirchengemeinschaft« identisch mit »Einheit der Kirche« (LK 1 und 2). Wie die Kirche selbst, ist ihre Einheit eine Gabe Gottes, die jeder hier und heute geschichtlich erklärten und festgestellten Kirchengemeinschaft vorausgeht. Im konkreten heutigen Leben der Kirchen bedarf sie eines steten Prozesses der Umsetzung. So folgt in der LK der Erklärung der Kirchengemeinschaft ein zweiter längerer Teil (LK 35-49) mit dem Titel »Die Verwirklichung der Kirchengemeinschaft«. Durch die Erklärung von Kirchengemeinschaft »gewähren« (LK 33) sich die Signatarkirchen diese *communio* und verpflichten sich, ihr in dieser Zeit Leben, Sichtbarkeit und Erfahrbarkeit zu verleihen. So haben die Signatarkirchen gemeinsam an der einen Kirche Jesu Christi teil und bringen diese Einheit zum Ausdruck (LK 34).[4]

Es wurde der LK immer wieder vorgeworfen, keinen Abschnitt über das Kirchenverständnis zu haben. Dieser Vorwurf ist eigentlich unberechtigt denn die LK enthält, zwischen den Zeilen, eine sehr deutliche Ekklesiologie.

Systematische Theologie Bd. III, Göttingen, Vandenhoeck, 1993, 357 ff. So auch CHRISTINE AXT-PISCALAR, Kirchengemeinschaft – *aus Sicht der evangelischen Landeskirchen* in: Catholica 77/2023, 23-42, und die beiden Texte des Dialogs der VELKD mit der deutschen Bischofskonferenz: Kirchengemeinschaft in Wort und Sakrament, Paderborn, Bonifatius- Hannover, Lutherisches Verlagshaus 1984, und Communio Sanctorum, Paderborn, Bonifatius und Frankfurt, Lembeck 2000 jeweils in den einleitenden Paragraphen.

[3] Alle Texte der GEKE sind auf der Internet-Homepage der GEKE zu finden. www.Leuenberg.eu .

[4] Siehe auch WOLFHART PANNENBERG, Systematische Theologie Bd. III op.cit. S. 127.

Um auf diesen angeblichen Mangel zu antworten, wurde eine ausführliche Ekklesiologie verfasst, der Text *Die Kirche Jesu Christi* (KJC), welcher 1994 von der Vollversammlung in Wien verabschiedet und danach weitgehend rezipiert wurde. Dieser Text führte dazu, dass mehrere skandinavische Kirchen nach 1994 die LK unterschrieben haben.

Auch dieser ursprünglich auf Deutsch verfasste Text unterscheidet sehr genau zwischen Gemeinschaft und Kirchengemeinschaft. Letztere ist nichts anderes als ein gelebtes Einheitsmodell:

> »Der ökumenische Terminus für diese Form von Kirchengemeinschaft lautet ›Einheit in versöhnter Verschiedenheit‹. In solcher Einheit leben die durch die Leuenberger Konkordie verbundenen Kirchen. Dieses Verständnis von Kirchengemeinschaft beziehen die Unterzeichnerkirchen der LK auch auf ihr Verhältnis zu den anderen christlichen Familien. Wo immer die Merkmale der wahren Kirchen angetroffen werden und eine lehrmäßige Übereinstimmung im Verständnis des Evangeliums gegeben ist, erkennen sie an, dass dort die Kirche Jesu Christi lebt, auch wenn dies umgekehrt nicht immer so gesehen wird.«[5]

Dieses Einheitsmodell, »die Einheit in versöhnter Verschiedenheit«, geht weitgehend auf Harding Meyer zurück. Es wurde von der Vollversammlung des LWBs in Budapest 1984 als das lutherische Einheitsmodell aufgenommen.

Auch ein dritter grundlegender Text der GEKE muss noch erwähnt werden, das Dokument *Kirchengemeinschaft* (KG) das von der Vollversammlung der GEKE in Basel angenommen wurde und auf welches wir noch mehrmals zurückgreifen

---

[5] www.leuenberg.eu Die Kirche Jesu Christi III, 1,4.

werden.⁶ Auch in diesem Text wird *Kirchengemeinschaft* unmissverständlich mit Einheit der Kirche gleichgesetzt.

2. Die besonderen Akzente der Kirchengemeinschaft in den Leuenberg-Texten.

Es geht nun nicht darum, das allgemeine heutige Verständnis von Kirchengemeinschaft in den evangelischen Kirchen darzulegen.⁷ Dieses steht selbstverständlich im Hintergrund. Es sollen nur einige besondere Akzente der LK und der GEKE-Texte hervorgehoben werden, die für die gesamte Ökumene von Bedeutung sind.

2.1. Die Kirche und die Einheit der Kirche.

2.1.1. Die beiden ersten Paragraphen der LK enthalten sowohl das Kirchen- wie auch das Einheitsverständnis. Sie zitieren indirekt CA 7, die Kirche ist die Gemeinschaft der Gläubigen, die in Wahrheit Wort und Sakrament feiern.⁸ Die LK und die

---

⁶ Auch für diesen Text: www.leuenberg.eu Dieser Text ist nach dem heutigen in der GEKE üblichen Verfahren eines Lehrgesprächs entstanden: ein erster Vorschlag, von einigen Spezialisten erarbeitet, wird den Kirchen vorgelegt, danach kommt es zu einem Kolloquium, zu welchem alle Kirche der GEKE eingeladen werden, danach verfasst wiederum eine kleine Gruppe den endgültigen Text. Dieser Prozess wurde von Michael Beintker und André Birmelé in enger Zusammenarbeitet mit Friederike Nüssel geleitet.

⁷ Wie es von Christine Axt-Piscalar in ihrem Beitrag in *Catholica* 2023/1 hervorragend dargestellt wurde.

⁸ Diese Definition ist auch die von Calvin: »Wo immer wir sehen, dass das Wort Gottes rein gepredigt und gehört wird und die Sakramente nach der

gesamte weitere Arbeit der GEKE berufen sich auf dieses Kirchenverständnis. Gott schenkt sich den seinen in der Feier des Wortes und der Sakramente. Hier ist Christus wirklich gegenwärtig und bindet die seinen, gemäß seiner Verheißung, in seine Gemeinschaft ein. Die Feier von Wort und Sakrament sind der Moment des rechtfertigenden Handelns Gottes. Kirche ist nicht Konsequenz der Rechtfertigung, sondern der Ort wo diese geschieht. Die Botschaft von der freien Gnade Gottes versöhnt jeden Menschen mit Gott und gliedert ihn gleichzeitig in die Gemeinschaft der Gläubigen ein. Diese Gleichzeitigkeit ist von entscheidender Bedeutung für das Kirchenverständnis. Das Heil in Jesus Christus ist die zentrale Botschaft des Evangeliums. LK 6–12 erläutert sie unter Verwendung der paulinischen Terminologie, der Rechtfertigung durch den Glauben. Die reformatorischen Traditionen haben stets bekräftigt, dass diese Botschaft alles kirchliche Leben definiert und ihm Sinn verleiht (LK 12), im Anschluss an den Pfingstbericht der so die erste Gemeinde beschreibt (Apg 2, 41-44). Im Hören auf die Lehre der Apostel, im gemeinsamen Brechen des Brotes, im Gotteslob und im Gebet ist die von Gott gegebene *koinonia* verwirklicht.

Im *Apostolicum* wird die Kirche als *una, sancta, catholica et apostolica* bekannt. Haben die Kirchen der Reformation nicht zusätzliche Kennzeichen hinzugefügt, indem sie die authentische Feier des Wortes und der Sakramente betonen? Die KJC beantwortet diese Frage, indem sie klarstellt, dass es sich keineswegs um zusätzliche Kennzeichen handelt. Wort und Sakrament sind die Momente, die erkennen lassen, wo

---

Einsetzung Christi verwaltet werden, da darf man nicht zweifeln, dass es eine Kirche gibt« (IRC IV, 1,9).

die *una, sancta, catholica et apostolica ecclesia* ist. Sie ist da, wo Wort und Sakramente in Wahrheit gefeiert werden (KJC I.2.4.1). Diese Feier vergegenwärtigt die wahre Kirche und ihren Ursprung. Letztere ist Gegenstand des Glaubens, geglaubte Kirche (EJC I.2.2). Die im *Apostolicum* bekannte Kirche ist zwar die unsichtbare Kirche, die nur Gott kennt und die alle Gläubigen zu allen Zeiten und an allen Orten umfasst. Aber diese Kirche ist uns nur durch die sichtbare Kirche zugänglich.[9] Gott hat sich mit dieser sichtbaren Kirche verbunden. In ihr und durch sie haben wir Anteil an der unsichtbaren Kirche Gottes.

Um dies zu verdeutlichen, ist es notwendig, zwischen der Gestalt der Kirche in dieser Zeit und ihrem Fundament zu unterscheiden.[10] Die LK weiß um diese Unterscheidung, ohne sie weiter auszuführen (LK 4 und 28). Die Kirche hat eine göttliche Dimension und ist gleichzeitig eine sichtbare Gemeinschaft, eine soziale Realität, die in einer Vielzahl von historischen Formen entdeckt wird (*Kirche Jesu Christi* – KJC I.2). Die Kirche, das Geheimnis Gottes, äußert sich in dieser Welt in konkreten, historisch entstandenen Gestalten, die durch die sozio-politischen Realitäten bedingt sind, in denen die Kirche berufen ist, die »Universalität von Gottes Heilswillen zu bekunden« (EJC I.3.2.).

Es wäre falsch, das Fundament als Tat Gottes und die Gestalt als Menschenwerk zu bezeichnen. Der Mensch ist

---

[9] Calvin stellt bereits im 16. Jahrhundert klar, dass wir von Gott aufgefordert werden, »diese sichtbare Kirche in Ehren zu halten und uns in ihrer Gemeinschaft zu erhalten« (IRC IV, 1, 7).

[10] Es ist richtiger von Gestalt und Fundament zu reden, da die übliche Unterscheidung von Gestalt und Grund missverständlich sein kann wegen der kausalen Dimension des Wortes Grund in der deutschen Sprache.

notwendig für die wahre Feier von Wort und Sakrament, und der Heilige Geist ist entscheidend beteiligt an der Gestaltung der Kirche.

Um die Unterscheidung zwischen Fundament und Gestalt besser zu verstehen könnte man auch auf die Unterscheidung zwischen dem *esse* und dem *bene esse* verweisen, wobei das *bene esse* keineswegs willkürlich ist, sondern ganz entscheidend für das Sein der Kirche in dieser Zeit.

2.1.2. Dieses grundlegende Kirchenverständnis hat als logische Konsequenz ein klares Verständnis von der Einheit der Kirche. Im Blick auf die Einheit wiederholt LK 2 die bekannte Aussage von CA 7: *satis est* und *non necesse est*. Um die Einheit, die Kirchengemeinschaft, zu erklären und zu leben, reicht es aus, dass man in der »anderen« Kirche die wahre Feier von Wort und Sakrament, das *esse* der Kirche erkennt. Das *bene esse* hingegen ist der Ort einer erfreulichen Vielfalt. Vielfalt ist kein Makel, sondern unterschiedliche Formen bringen den Reichtum der kirchlichen Gemeinschaft zum Ausdruck. Diese Überzeugung drückt sich in der gegenseitigen Anerkennung aus, dass die andere Tradition in ihrer Vielfalt mit ihrer Geschichte, ihren liturgischen Formen, ihrer Frömmigkeit, ihren theologischen Akzenten, ihrer Amtsstruktur (episkopal synodal oder presbyterial synodal) ein voller und authentischer Ausdruck der *einen* Kirche ist.

Man kann hier das in Deutschland viel diskutierte Beispiel der EKD nennen (was übrigens auch für die evangelische Kirche der Schweiz oder der Kirchenunion in Elsass-Lothringen zutrifft). Von ihrem *esse* her ist die EKD eine Kirche. Sie kennt jedoch in den Landeskirchen verschiedene Gestalten des *bene esse*. Dass z. B. ein Beschluss der Synode der EKD nicht zwingend ist für die Synoden der Landeskirchen, gehört zum *bene esse* und verbietet nicht, die EKD im Blick auf ihr *esse* als Kirche zu bezeichnen.

Dieses Verständnis der Einheit der Kirche mag überraschend sein. Es ist es in der Tat für all jene, die Einheit als Suche nach einer gemeinsamen kirchlichen Institution verstehen, in der die verschiedenen Konfessionen und Identitäten in einer gemeinsamen Struktur aufgehen. Der Ansatz der LK und der GEKE ist ein anderer.

2.2. Die Legitimität der Verschiedenheit

Kirchengemeinschaft ist in der LK und in der GEKE nicht gleichbedeutend mit Uniformität. Die Einheit der Kirche ist immer eine Einheit in der Verschiedenheit. Sie ist nicht auf der Suche nach Kompromissen, die es erlauben, Unterschiede zu tolerieren. Die Kirche lebt vom Wort, vom kreativen Dialog, der sich ständig für neue Situationen öffnet, die von Ort zu Ort, von Zeit zu Zeit variieren.

2.2.1. Es gibt gewiss kirchliche Gestalten des *bene esse*, die falsch sind. Sie sind es dann, wenn das *esse* der Kirche in Frage gestellt ist, wenn keine gemeinsame Feier von Wort und Sakrament mehr möglich ist. In diesem Falle geht es darum, nicht die Differenz als solche, sondern ihren trennenden Charakter zu überwinden. Die Qualität des Unterschiedes muss eine andere werden.

Im XVI Jh. hatten drei Themen zu gegenseitigen Verurteilungen geführt: das Verständnis des Abendmahls, der Christologie und der doppelten Prädestination. Es bedurfte also im Vorfeld der Ausarbeitung der LK eines präzisen theologischen Dialogs, um die aktuelle Relevanz dieser Verurteilungen zu überprüfen. Man gelangte zu der Feststellung, dass diese Verurteilungen die andere Tradition beim gegenwärtigen Stand ihrer Lehre nicht mehr betreffen.

Es ist anzumerken, dass diese Paragraphen nicht eine ganze Theologie des Abendmahls, der Christologie und der Prädestinationslehre vorschlagen. Man begnügt sich mit den Punkten, die die Verurteilungen hervorgerufen hatten. Da diese Punkte geklärt sind, ist das gemeinsame Bekenntnis des Glaubens gegeben. Dies schließt jedoch nicht aus, dass die verschiedenen Traditionen auch in diesen Bereichen weiterhin unterschiedliche theologische Akzente setzen, Unterschiede, die nun aber ihren kirchentrennenden Charakter verloren haben.

Hier kann auf die *Gemeinsame Erklärung zur Rechtfertigung* verwiesen werden. Kardinal Ratzinger, der spätere Papst Benedikt XVI, hat zusammen mit Bischof Lohse auf das Verfahren der LK verwiesen und seine Übernahme im katholisch-lutherischen Dialog empfohlen.[11] Dies bestimmte das Verfahren der GE. So betont die GE, dass nicht alle Bereiche der Rechtfertigungslehre angesprochen wurden (GE 5 und 40 f.), sondern nur die Fragen, in welchen es zu Lehrverurteilungen gekommen ist.

2.2.2. Die Unterscheidung zwischen dem Sein der Kirche und der Form der Kirche ist entscheidend für das Verständnis der Einheit der Kirchen in ihren Verschiedenheiten. Nach dem LK und dem gesamten ökumenischen Engagement der GEKE

---

[11] Siehe der Brief von Josef Ratzinger und Edouard Lohse, an die Verantwortlichen des deutschen ökumenischen Ausschusses (K. Lehmann et W. Pannenberg) vom 11 Juni 1981. In: Lehrverurteilungen kirchentrennend? Bd. I, Göttingen, Vandenhoeck, 1986, 178 f.

ist es nicht notwendig, nach gemeinsamen Formen (Strukturen) zu suchen. Die Vielfalt der Gestalten ist Teil des Seins der Kirche in dieser Zeit. Um die andere Gemeinschaft als authentischen Ausdruck der Kirche Gottes anzuerkennen, genügt es, in ihr die wahre Feier des Wortes und der Sakramente zu erkennen. So leben Kirchen, die sich auf unterschiedliche Traditionen berufen, die Einheit in versöhnter Verschiedenheit, eine Einheit, die eben nicht Uniformität ist. (EJC III). Indem die LK nicht vereinheitlichend ist, zementiert sie dennoch nicht den *Status quo*. Dieses Missverständnis, das sich leider hartnäckig hält und stets von katholischer Seite wiederholt wird, muss vermieden werden. Keine Kirche kann an dieser Gemeinschaft von Kirchen teilhaben, ohne selbst für eine »Bekehrung« offen zu sein. Die Tatsache, dass man eine andere Gemeinschaft in ihrer legitimen Andersartigkeit anerkennt, verbietet die Verabsolutierung der eigenen Identität. Da »meine Tradition« nicht der einzig wahre Ausdruck der Kirche Christi ist, ist sie notwendigerweise offen für die Beiträge anderer Traditionen. Indem sie sich für andere öffnet, wird sie verändert. Durch die Erklärung der kirchlichen Gemeinschaft öffnen sich alle Traditionen gemeinsam für das schöpferische Werk Gottes.

2.3. Der differenzierende Konsens

2.3.1. Das Verständnis des Konsenses in der LK und der GEKE verdient eine besondere Aufmerksamkeit. Oft wird Konsens und Lehrkonsens gleichgesetzt. Ein Konsens ist gegeben, wenn eine gemeinsame Lehrformulierung vorliegt. Dem ist in der LK und in der GEKE nicht so. Hier besteht der Konsens vor allem im gemeinsamen Bekenntnis des Glaubens. Das gemeinsame Glaubensbekenntnis gipfelt in der gemeinsamen

Feier von Wort und Sakrament, dem Gottesdienst, dem Moment, in dem den Gläubigen die Botschaft der Rechtfertigung, das Evangelium, angeboten wird (siehe unten). Sie befindet sich auf einer anderen Ebene als die richtigen lehrmäßigen Behauptungen über Wort und Sakramente. Letztere sind zwar notwendig, um zu überprüfen, ob das Glaubensbekenntnis gemeinsam ist. Nach dieser Überprüfung und der gegenseitigen Anerkennung der Feier des Wortes und der Sakramente findet das gemeinsame Glaubensbekenntnis seinen Niederschlag in unterschiedlichen Lehren, die durch Ort, Geschichte, Frömmigkeit und theologische Akzente bedingt sind.

Die gemeinsamen Aussagen über das Evangelium (LK 7–12) sind eher ein gemeinsames Bekenntnis als ein Lehrkonsens, welcher sich übrigens nicht mit diesen wenigen Zeilen begnügen könnte.

Zwei Tatsachen belegen dies. Nachdem der trennende Charakter im Dialog überwunden war, wurden keine weiteren Lehrkonsense erarbeitet. Die Äquivalenz der Bekenntnisschriften des XVI Jh. wurde daraufhin festgestellt. Die LK ist keine neue Bekenntnisschrift. Sie hat eine Brückenfunktion zwischen historischen Bekenntnisschriften, die – so die LK – das gleiche Evangelium bezeugen.

Eine zweite Feststellung ist noch interessanter. Sie besteht im Übergang von LK 7 zu LK 8. Die LK ist konsequent und versteht die »Botschaft von der Rechtfertigung« (LK 7) nicht als Synonym für die »Rechtfertigungslehre« (LK 8). Letztere ist lediglich das »rechte Verständnis, durch welches die reformatorischen Väter (die Rechtfertigungsbotschaft) zum Ausdruck gebracht (haben)«.

2.3.2. Das gemeinsame Bekenntnis des Evangeliums, der Bekenntniskonsens, kann daher lehrmäßig unterschiedlich formuliert werden und diese verschiedenen Lehrformulierungen sagen die gleiche Wahrheit aus.

Dies gilt bereits für das NT; die zeitgenössische exegetische Forschung hat dies hervorgehoben. Dasselbe Kerygma kennt im NT unterschiedliche Formulierungen in den vier Evangelien und den Briefen des NT. So ist es auch in der gesamten Kirchengeschichte. Man kann eine lehrmäßige Formulierung nicht als einzig möglichen Ausdruck einer Glaubenswahrheit verabsolutieren. Daher ist es notwendig, zwischen dem Glaubensbekenntnis auf der einen und der Lehre auf der anderen Seite zu unterscheiden. Die Botschaft der Rechtfertigung, also der Erlösung, könnte auch durch eine andere Lehrformulierung wiedergegeben werden, wie die Einigung mit den methodistischen Kirchen zeigen wird, die es ihrerseits vorziehen, die »Wiedergeburt« zu betonen – ein eher johanneischer als paulinischer Ansatz.

Dieses Verständnis wird heute oft mit dem Ausdruck »differenzierender Konsens« wiedergegeben. Der Konsens umfasst unterschiedliche Darstellungen ein und derselben grundlegenden Glaubenswahrheit. Der Konsens ist *per definitionem* in sich differenzierend, d. h. nicht nur in der Lage, Unterschiede zu erkennen und zu akzeptieren, sondern sie einzubeziehen und als Reichtum zu betrachten, der Teil der Einheit ist.

Die LK ist konsequent und kommt zu der Aussage von LK 29: »*Kirchengemeinschaft im Sinne dieser Konkordie bedeutet, dass Kirchen verschiedenen Bekenntnisstandes aufgrund der gewonnenen Übereinstimmung im Verständnis des Evangeliums einander Gemeinschaft an Wort und Sakrament gewähren und eine möglichst große Gemeinsamkeit in Zeugnis und Dienst an der Welt erstreben*«.

2.3.3. Das Lehrgespräch ist aber deshalb nicht unnötig. Es ist unbedingt nötig, um den Bekenntniskonsens, der in der gegenseitigen Anerkennung und der gemeinsamen wahren Feier von Wort und Sakrament besteht, zu verifizieren, so die Dialoge vor der Ausarbeitung der LK. Er ist auch weiterhin notwendig, damit keine theologische Problematik diesen Bekenntniskonsens erneut in Frage stellt. So hat man auch die theologische Weiterarbeit im Prozess der Verwirklichung der Kirchengemeinschaft beschlossen (LK 37–41) und stets im Leben der GEKE durchgeführt.

Die Gemeinschaft in Wort und Sakrament ist nicht nur der Ort, an dem die Teilhabe an Christus, am Evangelium geschenkt wird. Sie ist eine wichtige Regel, die die gesamte Theologie leitet, da sie sagt, was die wahre Kirche ist, und verhindert, dass wir aus den Augen verlieren, dass die Kirche ihre einzige Grundlage im Versöhnungswerk Gottes hat. Sie lehrt uns, wie wir von Gott sprechen sollen. Von Gott zu sprechen, bedeutet immer, von der Versöhnung zu sprechen, die Gott dem Sünder anbietet.

Es gilt, ein Missverständnis zu vermeiden. Dieses theologische Prinzip würde missverstanden werden, wenn die Rechtfertigungsbotschaft als Vorwand benutzt würde, um die gesamte Theologie auf eine grundlegende Aussage, ein »materielles Prinzip« zu reduzieren. Seine Bedeutung zur Zeit der Reformation verbietet eine solche Reduktion. Es handelt sich um ein Prinzip, das man als »meta-dogmatisch« bezeichnen könnte, das die gesamte Theologie regiert und die einzelnen Behauptungen begründet und überprüft.

Dieses theologische Prinzip der Reformation ist entscheidend für die Einheit der Kirche. Es ist eine Regel für den Dialog. Eine Regel lenkt einen Dialog, ohne ihm eine Tagesordnung aufzuzwingen oder ihn auf ein bereits bekanntes

Schema zu reduzieren. Sie öffnet den Dialog und bietet ihm einen Raum. Eine Dialogregel zeigt, was im Glauben, in der Hoffnung und aus Liebe gesagt werden kann oder nicht mehr gesagt werden kann. Sie reduziert den Dialog über den Glauben nicht, ganz im Gegenteil: Sie ermöglicht ihn und trägt zu seiner Klarheit bei, indem sie präzisiert, was um jeden Preis gesagt werden muss. Diese Regel besteht im Beharren auf der Gemeinschaft in Wort und Sakrament als Ort der Kirchengemeinschaft, der von Gott geschenkten Einheit der Kirche. Die Tätigkeit der Kirche besteht darin, dieses Geschenk, das ihr vorausgeht und sie begründet, zu empfangen. Kirchengemeinschaft bedeutet gemeinsame Offenheit für das Wirken des Heiligen Geistes, der die Kirche schafft, erneuert und wachsen lässt.

Der Lehrkonsens gehört so zum *bene esse* der Kirche. Wie das gesamte *bene esse* ist er für die Kirche in dieser Zeit unbedingt notwendig. Er steht aber auf einer anderen Ebene als der Bekenntniskonsens.

3. Entwicklungen in der Geschichte der GEKE

Die Entwicklungen und die Verwirklichung der Kirchengemeinschaft in den vergangenen 50 Jahren haben diese gefestigt und bleiben eine ständige Aufgabe. Die LK hat vier Bereiche als besondere Herausforderungen genannt: a) Zeugnis und Dienst in der Welt, b) theologische Weiterarbeit, c) organisatorische Folgerungen und d) ökumenische Aspekte. Jeder dieser Bereiche bedürfte vieler Ausführungen, die in diesem Beitrag nicht entwickelt werden können. Eine besondere Fragestellung wurde bisher nur wenig angesprochen. Sie ist von besonderer Bedeutung und entscheidend für das weitere Verständnis und des gelebten Einheitsmodells, der Einheit in versöhnter Verschiedenheit. Diese Problematik soll abschließend angesprochen werden.

Das Problem ergibt sich aus dem deutschen Wort »Gemeinschaft«, das mehrdeutig ist. »Gemeinschaft« übersetzt zwei lateinische Begriffe: das Wort *communio* und das Wort *communitas*. Um dies zu verdeutlichen, genügt auch ein Hinweis auf die Texte des katholischen Lehramtes. Beide lateinischen Begriffe werden in der deutschen Übersetzung durch »Gemeinschaft« wiedergegeben, sowohl in den Texten des II Vatikanischen Konzils (z. B. *Unitatis redintegratio*) wie auch in der Stellungnahme des Glaubens Kongregation von 1992 (*Communionis notio*).[12] Es handelt sich jedoch um zwei verschiedene Gegebenheiten.

Luther übersetzt das griechische Wort *koinonia* mit »Gemeinschaft«. *Koinonia* beschreibt im NT die Gemeinschaft des Gläubigen durch, mit und in Christus, die *communio* innerhalb der Trinität, die nun auch unter den Gläubigen besteht. Diese *communio* hat eine soteriologische Dimension und kann nicht auf eine *communitas* reduziert werden (siehe der Beginn des ersten Johannesbriefs).

In seinem großen Katechismus sieht Luther dies anders. Dort setzt er *communio* mit Versammlung der Gläubigen oder christliche Gemeinde gleich.[13] So trägt auch Luther dazu bei, dass es in der deutschen Sprache zu einer Unschärfe im Gebrauch des Begriffs *Gemeinschaft* kommt.

---

[12] Siehe z. B. UR 1 bis 3.
[13] LUTHER, Großer Katechismus, Dritter Artikel. In: BSLK, Göttingen, Vandenhoeck & Ruprecht 2014, 1060 ff.

Diese Unschärfe im deutschen Gebrauch des Begriffs *Gemeinschaft* ist, wie bereits erwähnt, der deutschen Theologie des XX Jh. bewusst. Um die Einheit der Kirche, die *communio sanctorum*, zu beschreiben, spricht sie von Kirchengemeinschaft.[14] Diese ist, wie es Elert betonte, eng verbunden mit der Abendmahlsgemeinschaft. Sie ist weit mehr ist als nur eine Versammlung von Gläubigen oder ein Bund von Kirchen. Sie beschreibt die Teilnahme an Christus und so die Einheit der einzelnen Kirchen als *una, sancta, catholica et apostolica* Kirche.

Der doppelte Sinn von *Gemeinschaft* spielte zunächst keine Rolle für die GEKE und die LK. Dies hat einen einfachen Grund: Die Texte wurden ursprünglich in deutscher Sprache verfasst und die Verfasser waren sich der sprachlichen Zweideutigkeit des Wortes »Gemeinschaft« bewusst.

Dem ist aber nicht so in den Übersetzungen in andere Sprachen. Dies trifft nicht zu für die französischen Versionen wo *communio* und *communitas* nicht gleichbedeutend sind, eine von Calvin stets unterstrichene Unterscheidung, die für die französische Theologie selbstverständlich ist.[15] Dem ist aber

---

[14] So in den beiden Texten des Dialogs der VELKD mit der deutschen Bischofskonferenz: Kirchengemeinschaft in Wort und Sakrament, Paderborn, Bonifatius- Hannover, Lutherisches Verlagshaus 1984, und Communio Sanctorum, Paderborn, Bonifatius und Frankfurt, Lembeck 2000, jeweils in den einleitenden Paragraphen.

[15] An vielen anderen Stellen seiner Schriften unterstreicht Calvin, dass die Kirche die *communio* mit Christus und die *communio* der Gläubigen untereinander sei. Da, wo die CA sich noch mit dem Begriff *congregatio* begnügt, betont Calvin bereits im XVI Jh., den Begriff der *communio*. Dies kommt insbesondere in seinem Kommentar der Korintherbriefe zum Ausdruck (Johannes Calvin : Auslegung der Heiligen Schrift, – hg. von O. WEBER – Band XVI: Auslegung des Römerbriefes und der beiden Korintherbriefe,

nicht so im englischen. Dies wird bereits in der Übersetzung der LK deutlich. Gemeinschaft wird übersetzt durch *fellowship*, Kirchengemeinschaft durch Church Fellowship (Fellowship also Freundschaft, Bund oder Assoziation!). Dies ist in der englischen Fassung der Kirche Jesu Christi nicht besser und der Begriff *communion*, welcher in der anglikanischen Familie üblich ist (Anglican Communion), kommt nicht vor.[16] Auch für die Übersetzung von GEKE wählte man: Community of Protestant Churches in Europe und die GEKE wurde erst kürzlich in Communion of Protestant Churches in Europe umbenannt. Dies geschah aufgrund des Basler Textes KG, der in § 46 diese Sprachschwierigkeit anspricht und für die englische Sprache Church communion als Übersetzung von Kirchengemeinschaft empfiehlt.[17]

Neukirchen 1960). In der Kirche haben wir *communio* mit Christus (So der Kommentar zu 1. Co.1.9 in ebd., 312), und weil diese neue Qualität des Verhältnisses zu Christus gegeben ist, weil wir in Christus »eingegliedert« sind, haben wir *communio* untereinander. »Woher aber stammt diese Gemeinschaft miteinander, wenn nicht aus der Vereinigung mit Christus« (ebd., 404 zu 1. Co. 10, 16).

[16] Dass die englische Übersetzung von Kirche Jesu Christi viele Fehler beinhaltet, wurde erst 20 Jahre später bemerkt und wurde daher erst in den letzten Fassungen korrigiert.

[17] In der ökumenischen Bewegung hat sich in der deutschen Sprache der Begriff »Kirchengemeinschaft« durchgesetzt, um das lateinische Wort *communio* wiederzugeben. So ist er in die ursprünglich auf Deutsch verfasste Leuenberger Konkordie eingegangen. Dabei ist zu beachten, dass die deutsche Sprache nur über den Begriff Gemeinschaft verfügt, um sowohl *communio* als auch *communitas* wiederzugeben. »Kirchengemeinschaft« legt das Gewicht auf die *communio* und die dadurch ausgesagte ekklesiale Qualität. Die französische Sprache unterscheidet zwischen *communauté* und *communion*, die englische zwischen *fellowship*, *community* und *(ecclesial) communion*. Seit der Leuenberger Konkordie wurde in den französischen Texten der

Da nun aber der englische – und nicht der deutsche – Text für viele Kirchen der GEKE die Grundlage ist, wird bis heute der Begriff *Gemeinschaft* innerhalb der GEKE unterschiedlich verstanden.

Doch auch neuere Entwicklungen innerhalb der GEKE lassen aufhorchen und führen zu Zweifeln im Blick auf das derzeitige Verständnis der GEKE als Kirchengemeinschaft. Die Vollversammlung der GEKE in Belfast 2001 hat den Gedanken einer Synode der GEKE abgelehnt. Der Hauptgrund war wohl, dass jede einzelne Kirche ihre Autonomie bewahren wollte und nicht von einer internationalen Synode abhängig sein wollte. Dies ist verständlich. Es ging nicht darum, dass sich die GEKE in die internen Gegebenheiten jeder einzelnen Kirche einmischt. Ziel war es, zu einer »evangelischen Stimme in Europa« zu gelangen. Wenn sie nicht eine rein spirituelle Angelegenheit sein will, muss eine Kirchengemeinschaft sichtbar und sprachfähig sein. Dieses Argument wurde nicht gehört.

Wichtiger ist eine Entscheidung der Vollversammlung in Basel (2018). Der vorgelegte Text *Kirchengemeinschaft* wurde weitgehend begrüßt. Er wurde einstimmig angenommen,

---

GEKE der Begriff »communion ecclésiale« als Äquivalent für »Kirchengemeinschaft« benutzt, in den englischen Texten aber der Begriff »church fellowship«. So wurde auch die Leuenberger Kirchengemeinschaft als Leuenberg Church Fellowship bezeichnet. In anderen ökumenischen Texten, sowohl in innerprotestantischen als auch interkonfessionellen Dialogen, hat sich dagegen der Begriff »communion« (manchmal »ecclesial communion«, manchmal »church communion«) durchgesetzt. Um Missverständnisse zu vermeiden und einen Einklang mit dem internationalen ökumenischen Sprachgebrauch herzustellen, sollte künftig der Begriff »church communion« bevorzugt werden.

jedoch mit einer einzigen aber entscheidenden Veränderung. Die Aussage des Textes »wir sind eine Kirche« wurde abgelehnt und durch »wir sind gemeinsam Kirche« ersetzt (§ 90 und 91). So wurde, vielleicht unbewusst, das Einheitsmodell der GEKE hinterfragt, denn »gemeinsam Kirche« sind wir ja auch mit Gemeinschaften, die der GEKE nicht angehören. Der Name der GEKE selbst verweist nicht zwingend auf eine Kirchengemeinschaft und ein Einheitsmodell, er kann auch missverstanden werden als Bund Evangelischer Kirchen in Europa und so einen anderen Sinn erhalten.

Diese Zweideutigkeit erscheint auch in der nach Basel geschehenen Arbeit. Die 2020 verabschiedeten Ziele gehen nur am Rande auf die GEKE als Einheitsmodell ein.[18] Die Schwerpunkte sind nun anderer Art und dies wird nicht zuletzt deutlich in dem Beitrag einer der derzeitigen Präsidentinnen des Rates, Miriam Rose, in der Zeitschrift *Zeitzeichen* (Juli 2023) unter dem Titel *Lebendige Kirchengemeinschaft*, in welchem sie die derzeitigen Herausforderungen der GEKE auflistet. Die Frage der Einheit der Kirchen kommt darin nicht vor. Der Titel des Beitrages *Kirchengemeinschaft* wird eher verstanden als Gemeinschaft im Sinne eines Bundes von Kirchen. Die Kirchengemeinschaft als Einheitsmodell tritt eindeutig in den Hintergrund.

Von daher ergeben sich Fragen, im Blick auf das Modell der »Einheit in versöhnter Verschiedenheit«. Da es, wie in Basel geschehen, nicht möglich war von »einer Kirche« zu sprechen, muss gefragt werden was diesem Modell fehlt. Der in Basel vorgelegte Text enthält Empfehlungen, um weitere Schritte

---

[18] Es erscheint in Ziel 2, Maßnahme 4 und ist aber ein zweitrangiges Ziel neben vielen anderen.

zu gehen wie z. B. eine Neubesinnung auf die Katholizität oder die Ausarbeitung einer *charta spiritualis*, die nicht beansprucht, die Kirchenordnungen der einzelnen Kirchen zu ersetzen, sondern wie eine Regel eines Mönchsordens für alle in ihren besonderen Situationen gilt. Diese Aufgaben stehen auf der Tagesordnung.

Die in der LK und in der GEKE vorgeschlagene, erklärte, stets weiter verwirklichte und gelebte Kirchengemeinschaft bringt, auf eine originelle Art, die Einheit in versöhnter Verschiedenheit zum Ausdruck. Dieses Modell ist nicht nur originell. Es ist insofern einzigartig, als dieser Ansatz der einzige ist, der in der modernen ökumenischen Bewegung zu einer echten Einheit geführt hat, die von allen Synoden der beteiligten Kirchen gebilligt wurde.

Arnulf von Scheliha

Gestaltete Vielfalt

Zur gesellschaftlichen und europapolitischen Bedeutung der Leuenberger Konkordie

Das Jubiläumsjahr der Leuenberger Konkordie 2023 fällt zusammen mit dem 375. Jahrestag des Westfälischen Friedens, der in Osnabrück und Münster ausgehandelt und geschlossen wurde und den 30-jährigen Krieg beendete, der wesentlich durch die konfessionellen Differenzen in Europa verursacht war. Erstmalig wurde damit in der europäischen Religionsgeschichte religiöse Vielfalt politisch gestaltet und rechtlich geordnet. Es wurde das europäische System des Nebeneinanders der souveränen Territorialstaaten begründet, das bis heute in der Politikwissenschaft als »Westphalian System« bezeichnet wird. Die Herrschaft des säkularen Rechts als Grundlage des Friedens ermöglichte die konfessionelle Zuordnung der Religionsparteien nach dem bekannten Prinzip von *cuius regio eius religio*. Das galt für alle Vertragspartner, ausgenommen die gemischt-konfessionellen Territorien wie z. B. Osnabrück, in denen paritätische Regierungs- und Verwaltungslösungen installiert wurden. Religionspolitisch entscheidend war damals, dass die Vielfalt der drei christlichen Konfessionen »lutherisch«, »reformiert« und »römisch-katholisch« auf Augenhöhe ermöglicht wurde. Sie mussten einander dulden. Die damals übliche Religionspolemik wurde auf den Streit der Religionsgelehrten reduziert und dadurch sublimiert. Das *ius emigrandi*, und damit kommen die Einzelnen in den Blick, wurde so etwas wie ein erstes europäisches

Menschenrecht, das der reformatorischen Gewissensfreiheit der Sache nach Rechnung trug.

Diese epochale Leistung des Westfälischen Friedens kann kaum überschätzt werden und bildet den Horizont auch für die Einschätzung der Bedeutung der Leuenberger Konkordie. Europäische Religionskriege blieben seither aus. Aber es war auch ein Preis für diese Pazifizierung zu entrichten. Die jüdischen Religionsgemeinschaften blieben unberücksichtigt und wurden weiterhin unterdrückt. Das galt auch für christliche Minderheiten. Die konfessionellen Differenzen innerhalb des Christentums wurden in den folgenden Jahrhunderten, insbesondere im 19. Jahrhundert zwar zivilisiert, aber auch vertieft und in alle sozialen Schichten hinein vermittelt. Dieser Vorgang wird mit Lucian Hoelscher als »späte« oder »zweite Konfessionalisierung« bezeichnet.

Die theologischen Annäherungen zwischen den Konfessionen, die es immer wieder gab, erfolgten unter der Obhut von fürstlicher Macht. Die lutherisch-reformierten Unionsprojekte im Preußen des 18. Jahrhunderts wurden politisch initiiert. Gleiches gilt für die Verhandlungen über eine evangelisch-katholische Vereinigung, die u. a. von dem Philosophen Gottfried Wilhelm Leibniz (1646–1716) im Auftrag des hannoverschen Hofes geführt wurden.[1] Als es nach dem Reichsdeputationshauptschluss und der Auflösung der geistlichen Territorien 1803 wesentlich mehr gemischtkonfessionelle Staaten gab, etablierten die Regierungen eigene Religionspolitiken und organisierten religiöse Vielfalt nun innerhalb eines Staates, die die Grenzen zwischen den Kon-

---

[1] Vgl. MARTIN FRIEDRICH, Von Marburg bis Leuenberg. Der lutherisch-reformierte Gegensatz und seine Überwindung, Waltrop 1999, 124 ff.

fessionen noch einmal verschärften. Bekanntlich kam die 1817 vollzogene Gründung der Preußischen Unionskirche ebenfalls auf Initiative des preußischen Monarchen zu Stande, wurde allerdings durch die bewusst als Unionsdogmatik gestaltete Glaubenslehre Friedrich Daniel Ernst Schleiermachers (1768– 1834) auch theologisch eingeholt. Die dennoch bleibende Differenz der lutherischen und reformierten Bekenntnistradition in Preußen wurde im Verlauf des 19. Jahrhunderts von der theologischen Differenz von »positiv« und »liberal« überlagert, die auch das kirchliche Leben in beiden protestantischen Konfessionen bestimmte. Diese innerprotestantischen Differenzen wurden – in Deutschland – zunächst durch den sog. theologischen Neuaufbruch nach dem Ersten Weltkrieg auf eine neue Ebene gehoben, bevor die Politisierung der Kirchen und der Theologien im Kirchenkampf die Lage noch einmal völlig veränderte, aber keinesfalls befriedete.

Erst mit der Epoche nach dem Zweiten Weltkrieg und dem zunächst ökonomischen, dann politischen europäischen Integrationswerk entstand eine bis dato einzigartige Ausgangslage, die auch die Anbahnung und Ausarbeitung der Leuenberger Konkordie ermöglicht hat. Diesen ökumenischen Geist der Verständigung hatte auf römisch-katholischer Seite auch das Zweite Vatikanische Konzil aufgegriffen und wichtige Signale in die Richtung der innerchristlichen Ökumene gesendet und mit der Anerkennung des »Strahl[s] jener Wahrheit [...], die alle Menschen erleuchtet« sogar die anderen Weltreligionen im Ansatz positiv gewürdigt.[2] In diesem

---

[2] Vgl. ANDREAS RENZ, Die katholische Kirche und der interreligiöse Dialog. 50 Jahre *Nostra Aetate* – Entstehung, Rezeption, Wirkung, Stuttgart 2014, 133.

Gesamtkontext entsteht auch die Leuenberger Konkordie. Sie ist ein zivilgesellschaftlicher Ausdruck der europäischen Integration, die dafür aber nur den Rahmen bildete, aber weder ihr Initial noch ihre Ursache ist. Die Leuenberger Konkordie ist vielmehr Ergebnis einer genuin *theologischen* Anstrengung des Begriffs und kann wegen der damit verknüpften Unabhängigkeit von politischen Vorgaben ihrerseits einen theologischen bzw. sozialethischen ›Mehrwert‹ haben, der über die Signatarkirchen hinaus für die Ökumene und die Politik von Bedeutung sein kann. Dazu werden in diesem Beitrag vier Überlegungen vorgetragen.

1. Zunächst soll der Blick geworfen werden auf die politischen und grundrechtlichen Fundamente der Europäischen Union, genauer auf den Vertrag über die Arbeitsweise der Europäischen Union (AEUV), den sog. Lissaboner Vertrag vom 13.12.2007, in den der Wortlaut vieler vorlaufender Abmachungen eingegangen ist.[3] Von dort ergibt sich ein erhellendes Licht auf die Leuenberger Konkordie.

In der Präambel werden die Staatsoberhäupter genannt, die den »festen Willen« verkörpern, »die Grundlagen für einen immer engeren Zusammenschluss der europäischen Völker zu schaffen«. In diesem Text treten die »Völker« als Kollektiv-Individuen auf, die sich als solche auf europäischer Ebene zusammenschließen, ohne ihre Individualität als Volk aufzugeben, zu der die nationale Geschichte, die Sprache, die Kultur und das Territorium gehören. Die Europäische Union ist, wie es das Bundesverfassungsgericht einmal genannt hat, ein

---

[3] Vgl. Europa-Recht. Textausgabe mit einer Einführung von Professor Dr. Claus Dieter Classen und mit ausführlichem Sachverzeichnis, München 2017[27], 38–176.

»Staatenverbund« und kein Bundesstaat.[4] Die Souveränität der Mitgliedsstaaten bleibt weitgehend erhalten, was im Übrigen vorzüglich auch für das Religionsverfassungs- und das das einfache Religionsrecht gilt.

Sprechend ist die Formulierung in der Präambel, mit der das Ziel des europapolitischen Handelns beschrieben wird, nämlich die »Europa trennenden Schranken [zu] beseitigen«, was auf ideeller Ebene insbesondere durch das deutsch-französische Versöhnungswerk, auf ökonomischer Ebene durch die Einführung des Freihandels, die gemeinsame Währung und die Etablierung des Schengen-Raums umgesetzt wurde, der grenzüberschreitenden Zahlungs- und Reiseverkehr ermöglicht, ohne dass die Grenzen selbst angetastet oder aufgehoben würden. An dieser Stelle kommen die europäischen Bürger:innen ins Spiel. Qua Staatsbürgerschaft eines Mitgliedsstaates besitzen sie auch die Unionsbürgerschaft, die ihnen nicht nur innerhalb der Union Freizügigkeit und Wahlrecht zum Europäischen Parlament und auf kommunaler Ebene ermöglicht, sondern auch den Genuss der Grundrechte, die in der Grundrechte-Charta verzeichnet sind und die am 01.09.2009 in Kraft trat. In ihr wird in der Perspektive der »Völker Europas«, so heißt es in der Präambel, und in »dem Bewusstsein ihres geistig-religiösen und sittlichen Erbes« das Werte-Fundament der Union benannt, nämlich die »Würde des Menschen«, die »Freiheit«, die »Gleichheit« und die »Solidarität«. Die Union »beruht auf den Grundsätzen der Demokratie und der Rechtsstaatlichkeit«. Dann folgt der entscheidende Satz, der die Einzelnen in den Blick nimmt: »Sie stellt

---

[4] Seit seinem Urteil zum Maastricht-Vertrag vom 12. Oktober 1993 (vgl. BVerfGE 89, 155).

den Menschen in den Mittelpunkt ihres Handelns, indem sie die Unionsbürgerschaft und einen Raum der Freiheit, der Sicherheit und des Rechts begründet.«[5]

In der Würde und den Grundfreiheiten der freien und gleichen Einzelnen findet das Europäische Integrationswerk sein Ziel, dies zu ermöglichen, zu sichern und zu schützen die Aufgabe der europäischen Institutionen ist. Diese freien und gleichen Einzelnen bilden aber nun nicht ein europäisches »Volk«, sondern sie bleiben Teil des »Demos« desjenigen EU-Mitgliedsstaates, dem sie angehören.[6] Freiheit und Gleichheit der EU-Bürger:innen werden unter der Bedingung organisierter Vielfalt gedacht, wie es in Art. 22 der Grundrechte-Charta heißt: »Die Union achtet die Vielfalt der Kulturen, Religionen und Sprachen«. Diese Achtung wird durch den Grundsatz der Nichtdiskriminierung in Art. 21 unterstrichen.[7]

Man kann die Europäische Union also verstehen als die konstitutionelle Organisation von politischer Einheit, unter

---

[5] Zitiert aus: Europa-Recht. Textausgabe mit einer Einführung von Professor Dr. Claus Dieter Classen und mit ausführlichem Sachverzeichnis, München 2017[27], 211–238.

[6] »Volk« im Sinne von »Demos« ist keine ethnische Kategorie, sondern bezeichnet »die Gemeinschaft der Staatsangehörigen« bzw. das »Staatsvolk«, vgl. dazu ARNULF VON SCHELIHA, Volk ohne Religion. Kritische Betrachtungen zu einem Leitthema der Neuen Rechten, in: JOHANN HINRICH CLAUSSEN u. a. (Hg.), Christentum von rechts. Theologische Erkundungen und Kritik, Tübingen 2021, 113–145, 140–142.

[7] »Diskriminierungen insbesondere wegen des Geschlechts, der Rasse, der Hautfarbe, der ethnischen oder sozialen Herkunft, der genetischen Merkmale, der Sprache, der Religion oder der Weltanschauung, der politischen oder sonstigen Anschauung, der Zugehörigkeit zu einer nationalen Minderheit, des Vermögens, der Geburt, einer Behinderung, des Alters oder der sexuellen Ausrichtung sind verboten.« (Art. 21 Abs. 1).

der Bedingung von Mehrstaatlichkeit auf dem Fundament der grundrechtlich qualifizierten Freiheit der Einzelnen, bei Wahrung und Förderung von kultureller und religiöser Vielfalt in den europäischen Räumen, die dieses Werk in unterschiedlichen Graden realisieren.

Zurück zur Leuenberger Konkordie, die von sich selbst sagt, dass sie kein Bekenntnis sein will (vgl. Nr. 37). Daran anknüpfend spitzt Christine Axt-Piscalar zu: »Die eigentümliche Besonderheit des Modells der Leuenberger Konkordie von Kirchengemeinschaft besteht darin, dass sie Kirchengemeinschaft von Kirchen ›unterschiedlichen Bekenntnisstandes‹ ermöglicht. Sie zeichnet damit eine Einheit von Kirchen als Kirchengemeinschaft vor, welche die konfessionellen Unterschiede gerade nicht einebnet, sondern sie als legitimen, will heißen evangeliumsgemäßen Ausdruck von Vielfalt in der Einheit versteht. [Die Leuenberger Kirchengemeinschaft] gestaltet […] Einheit in Anerkennung der Vielfalt.«[8]

Die Analogie zur den Grundanliegen der europäischen Einigung springt schnell ins Auge: Sie besteht in der Überwindung von Schranken, d. h. in der Herstellung von Kanzel- und Abendmahlsgemeinschaft, ohne die Grenzen, die durch die unterschiedlichen Bekenntnistraditionen gezogen sind, zu beseitigen. Vielmehr wird die konfessionelle Vielfalt auf Durchlässigkeit hin gestaltet. »Das heißt: die Gläubigen der beteiligten Kirchen sind gegenseitig zum Abendmahl zugelassen. Ein Pastor oder eine Pastorin der jeweiligen Kirchen kann grundsätzlich einen Gottesdienst in jeder der

---

[8] CHRISTINE AXT-PISCALAR, Ist die Leuenberger Konkordie ein Bekenntnis?, in: Materialdienst des Konfessionskundlichen Instituts Bensheim 74/3 (2023), 124–129, 125 f.

Kirchen leiten, und die Ordinationen sind gegenseitig als gültig anerkannt. Die Gemeinden der jeweiligen Kirchen können gemeinsam das Abendmahl unter Beteiligung von Geistlichen beider Konfessionen halten.«[9] Subjekte dieses Gestaltungsprozesses sind die Kirchen, die wie die Staaten Europas ganz unterschiedlich organisiert sind, und die sich entschlossen haben, der von der Leuenberger Konkordie gebildeten Kirchengemeinschaft beizutreten. »Die dieser Gemeinschaft seit dem 16. Jahrhundert entgegenstehenden Trennungen sind aufgehoben«, so heißt es in Nr. 34. Aber, die Vielfalt der Bekenntnisse,[10] zu der ja auch die regionale, sprachliche und liturgische Vielfalt der Territorialkirchen kommt, wird bewahrt und zugleich – das sei hervorgehoben – für die Stärkung der Freiheit der religiösen Subjekte fruchtbar gemacht, die ja die eigentlichen Nutznießer:innen der zwischen den Signatarkirchen ermöglichten Kanzel- und Abendmahlgemeinschaft sind. Die »Wahrung, Darstellung und auch Förderung des Andersseins des anderen«[11] im breiten Spektrum des evangelischen Christentums in Europa ermöglicht den einzelnen evangelischen Christ:innen, das Fundament ihres Glaubens zu erfahren in der Sprache der Verkündigung des Evangeliums und liturgischen Tradition des Altarsakramentes *ihrer* Wahl, an denen sie – im Sinne des Priestertums aller Getauften – auch mitwirken können.

---

[9] NOTGER SLENCZKA, Theologie der reformatorischen Bekenntnisschriften. Einheit und Anspruch, Leipzig 2020, 648.

[10] »Die Konkordie läßt die verpflichtende Geltung der Bekenntnisse in den beteiligten Kirchen bestehen.« (Nr. 37).

[11] AXT-PISCALAR, Ist die Leuenberger Konkordie ein Bekenntnis?, 126.

In dieser Perspektive besteht die Bedeutung der Leuenberger Konkordie analog zum Europäischen Vertragswerk also darin, die gleiche Freiheit der Christ:innen in Europa zu stärken, ohne dass die Mitgliedschaft zu ihrer Regionalkirche, deren Bekenntnis und liturgischen Tradition aufgegeben werden müsste oder dies irrelevant wäre. Vielmehr gilt im Gegenteil: Die Freiheit zur Partizipation an der Kanzel- und Abendmahlsgemeinschaft der Leuenberger Konkordie kann ein Beitrag zur Schärfung der kirchlichen Herkunftsperspektive sein. Zugespitzt gesprochen: Die Leuenberger Konkordie bildet selber eben keine Kirche, sondern ist – mit Schleiermacher gesprochen – ein »Mittelglied«[12] zwischen der durch die Bekenntnisse erfolgten Bestimmtheit der sichtbaren Kirche und der unsichtbaren Kirche aller wahren Christ:innen, die wir empirisch nicht kennen. Diese Kirchengemeinschaft überwindet das Trennende zwischen den Kirchen, indem sie den gemeinsamen Vollzug der elementaren Funktionen der Kirche nach CA VII für die einzelnen Christ:innen ermöglicht.

2. Lukas David Meyer hat in seiner hervorragenden Münchener Dissertation »Öffentliches Christentum im europäischen Ernstfall«[13] eine instruktive Untersuchung des Verhältnisses der christlichen Kirchen zur Europäischen Union und ihren Vorgängern vorgelegt. Er zeichnet nach, dass die auf die europäische Integration zielenden Interventionen der

---

[12] Vgl. zu Schleiermachers Theorie der Mittelglieder ARNULF VON SCHELIHA, Friedrich Schleiermacher als Sozialphilosoph des Christentums, Berlin/Boston 2023.

[13] Vgl. LUKAS DAVID MEYER, Öffentliches Christentum im europäischen Ernstfall. Ein Vergleich kirchlicher Europamodelle aus sozialethischer Perspektive, Leipzig 2023.

protestantischen Kirchen in Europa erst mit der Verfassungsdiskussion nach der Jahrtausendwende sichtbar und effektiv werden. Dieser Trend wurde durch die Finanz- und Migrationskrisen noch einmal verstärkt. Diese zeitliche Zäsur gilt nicht für die römisch-katholische Kirche, weil diese das Integrationsprojekt schon frühzeitig begrüßt und gefördert hat sowie in Brüssel stets lobbyistisch präsent war. Dagegen waren viele protestantische Nationalkirchen oftmals und über lange Zeit europaskeptisch, ja europakritisch. Meyer zeichnet auch die Entstehung der *Gemeinschaft Evangelischer Kirchen in Europa* (GEKE) aus der Leuenberger Kirchengemeinschaft nach, die nicht zufällig in den »Europäisierungsschub«, der spätestens mit dem Vertrag von Maastricht (1992) einsetzte, fiel. Die europa- und religionspolitische Arbeit der GEKE wird von Meyer vor allem unter sozialethischen Gesichtspunkten dargestellt. Das Ergebnis fällt ambivalent aus: »Zumindest auf der transnationalen institutionellen Ebene der GEKE gibt sich der europäische Protestantismus gewissermaßen als Musterschüler der europäischen Einigung.« Allerdings bleibe bei einigen protestantischen Nationalkirchen Europaskepsis bestehen. So kommt Meyer zu dem Ergebnis: »Obwohl die GEKE für eine bemerkenswerte Institutionalisierung des europäischen Protestantismus steht, wirkt in ihr […] die nationale Ausrichtung des Protestantismus fort. […] Nicht das Eins-Werden, sondern das Zusammen-Sein steht im Vordergrund.«[14]

Für die Zukunft plädiert Meyer zur Stärkung des Profils der christlichen Kirchen in Europa für ein ökumenisches Auftreten gegenüber den Institutionen und macht Wolfgang

---

[14] A. a. O., 160.

Hubers Konzept einer »Ökumene der Profile« gegen eher differenzökumenische Ansätze stark:

> »Insgesamt spricht für eine Ökumene der Profile, dass sie Differenzen zugesteht, allerdings weder unter Konsensdruck noch als finale Differenzdiagnose setzt. Auch wenn hinsichtlich der sichtbaren Einheit der Kirchen ekklesiologische Bescheidenheit angebracht ist, verkennt die resignative Forderung nach einer Differenzökumene europäisch-ökumenische Notwendigkeiten. Im Rahmen eines problemsensiblen Bewusstseins für Dissense kommt demgegenüber bei einer profilökumenischen Konzeption die gegenseitige Angewiesenheit, der bleibende gemeinsame Auftrag und die Möglichkeit weitergehender Konvergenzen zum Ausdruck.«[15]

So nachvollziehbar Meyers Anliegen ist, sich für eine stärkere Anteilnahme und Präsenz der Kirchen im Prozess der europäischen Integration einzusetzen und zu diesem Zwecke für eine Bündelung der kirchlichen Kräfte zu plädieren: Man möchte doch an dieser Stelle auch eine vom Geist der Leuenberger Konkordie herkommende Warnung vor »gleichschaltenden Tendenzen«[16] aussprechen und formulieren, dass ein profiliertes ökumenisches Auftreten bei den europäischen Institutionen die Differenzen im Bekenntnis und die damit verknüpften unterschiedlichen Einschätzungen der politischen Optionen nicht verschleifen darf.

Wenn weiterhin gilt, dass es sich bei der europäischen Integration um ein *politisches* Projekt handelt, dann treten in der Perspektive der lutherischen Lehre von den zwei Regierweisen Gottes im europapolitischen Raum weniger die Kirchen als vielmehr die christlichen Bürger:innen und die von

---

[15] A. a. O., 275.
[16] AXT-PISCALAR, Ist die Leuenberger Konkordie ein Bekenntnis?, 129.

ihnen legitimierten Mandatsträger:innen als Akteure auf. In Nr. 11 wird in der Leuenberger Konkordie tatsächlich der einzelne Christenmensch zu »verantwortlichem Dienst in der Welt« bestimmt. Es heißt weiter: Christ:innen »treten ein für irdische Gerechtigkeit und Frieden zwischen den einzelnen Menschen und unter den Völkern. Dies macht es notwendig, daß sie mit anderen Menschen nach vernünftigen, sachgemäßen Kriterien suchen und sich an ihrer Anwendung beteiligen.« Dieser Fokus auf den einzelnen Christenmenschen soll nicht bedeuten, dass nicht auch die Kirchen (in ihrer Verschiedenheit und bei sachpolitischer Verständigung auch ökumenisch) als Kirchen Botschaften in den politischen Raum Europas senden und als Lobbyisten Einfluss auf die von der EU ausgehende Politik nehmen können sollten. Aber eine ökumenische Vorprogrammierung und Auf-Dauerstellung eines öffentlichen Christentums im europäischen Ernstfall kann es mit der Leuenberger Konkordie nicht geben. Denn diese stellt, erstens, die Gemeinsamkeit unter die Bedingung von starker Vielheit. Sie stellt es, zweitens, in die Freiheit der einzelnen europäischen Christ:innen, dass und wie sie von der Kanzel- und Abendmahlsgemeinschaft der Leuenberger Kirchengemeinschaft Gebrauch machen wollen und überlässt es, drittens, der politischen Freiheit, ob, wo und wie sie im europäischen Raum Verantwortung für Gerechtigkeit und Frieden übernimmt. Anders gesagt: In der begründeten Zuspitzung auf die Subjektivität und Freiheit der christlichen *Einzelnen* konvergieren die reformatorische Lehre von den Zwei Regierweisen Gottes und die EU-Grundrechte-Charta.

Eine konzeptionelle Alternative – oder Ergänzung – zur Idee einer ökumenischen Stärkung der Kirchen in Europa besteht daher darin, Europa als Raum für theologische Deutung zu verstehen, in dem die Akteure in den zivilgesellschaftlichen Arenen und innerhalb der europäischen Institutionen christliche Verantwortung für Europa übernehmen und darüber theologisch Rechenschaft ablegen. Der Erschließung und Durchführung dieses Ansatzes, Europa als theologische Aufgabe zu verstehen, ist ein Münsteraner Forschungsprojekt von Catharina Jabss gewidmet, das am *Institut für Ethik und angrenzende Sozialwissenschaften* entsteht. Hier wird bewusst bei den einzelnen Akteuren eingesetzt, bei denen die kirchliche Bekenntnisgebundenheit ihres individuellen Bewusstseins christlicher Verantwortung im politischen Raum Europas berücksichtigt wird. Leitend ist dabei ein prägnant protestantisches Theologieverständnis, das im Anschluss an die Theorie gelebter Theologie in vier Dimensionen (Subjekt, Ort, Modus und Gegenstand) entfaltet wird. Dabei liegt der Fokus auf der Konzeptualisierung europäischer Räume, die sich funktional und dynamisch entwickeln. Der Europa-Gedanke erweist sich dabei in mehreren Hinsichten als theologieproduktiv, insbesondere bei der Interpretation der Grundrechte als »europäische Werte«, aber auch bei bestimmten Themen wie »Frieden und Versöhnung«, »Flucht und Migration« und »soziale Verantwortung«. Die von den Akteuren her gedachte und themenspezifische Produktion einer Europa-Theologie entspricht nicht nur den Grundanliegen der reformatorischen Lehre von den zwei Regierweisen Gottes, sondern verhindert eine Überdehnung der kirchlichen Ökumene und belässt das Politische ebenso wie das Glaubensleben im Horizont einer solchen Einheit, die Vielfalt nicht nur zulässt, sondern auch bejaht.

3. Dies führt zurück zum Ökumene-Begriff der Leuenberger Konkordie, der ja auch in den anderen Beiträgen dieses Buches angesprochen wird. Christine Axt-Piscalar verwendet zur Kennzeichnung des Modells der Kirchengemeinschaft

nach der Leuenberger Konkordie die Formulierung »Einheit in gestalteter Vielfalt«[17]. Die »gestaltete Vielheit« bindet die Einheit an klare Kriterien, die in der Leuenberger Konkordie gesetzt sind. Zur Kirchengemeinschaft gehört jedoch vor allem, dass die Eigenständigkeit der Kirchen mit ihrem unterschiedlichen Bekenntnisstand in ihrem Anderssein »nicht nur berücksichtigt, sondern [...] gewollt [ist].«[18] Oder, um eine Formulierung von André Birmelé zu gebrauchen: »Ohne ihre verschiedenen Traditionen, ihre verschiedenen Geschichten, ihre verschiedenen Bekenntnisformulierungen und ihre verschiedenen Kontexte aufzugeben, treten die einzelnen Kirchen in eine neue Beziehung zueinander. Sie bilden eine *communio*.«[19]

Dieses Modell der Kirchengemeinschaft hat insofern Auswirkungen auf die nichtevangelische Ökumene, weil es jede Form der ›Rückkehrökumene‹ oder ›Wiedereingliederungsökumene‹ ausschließt.[20] Um erneut eine Analogie zur Sphäre des Politischen zu bilden: Jede imperiale Ökumene ist damit ausgeschlossen. Naheliegender ist vielmehr ein »Kirchenverbund« (analog zum »Staatenverbund« der Europäischen Union), der Einheit bei bleibender Differenz stiftet und festhält. Dieses Modell hat wiederum den Mehrwert, dass es nicht nur die Selbstorganisation der verbündeten

---

[17] Axt-Piscalar, Ist die Leuenberger Konkordie ein Bekenntnis?, 126.
[18] Ebd.
[19] André Birmelé, 40 Jahre Leuenberger Konkordie – Entstehung und Wirkungsgeschichte, in: Verbindende Theologie. Perspektiven der Leuenberger Konkordie, Michael Beintker/Martin Heimbucher (Hg.), Neukirchen-Vluyn 2014, 17–35, 20.
[20] Vgl. schon Axt-Piscalar, Ist die Leuenberger Konkordie ein Bekenntnis?, 127.

Kirchen samt ihrer Bekenntnistraditionen als legitim anerkennt,[21] sondern eben auch den religiösen Subjekten ihre religiöse Freiheit belässt, sich in selbstgewählter Intensität ihrer Heimatkirche, einer oder mehreren verbündeter Kirchen zuzuordnen. Genau diese Möglichkeit wäre in jeder imperialen Ökumene nicht mehr gegeben.

In dieser Hochschätzung der individuellen Gläubigen und der konfessionellen Kirchen ist das in der Leuenberger Konkordie sichtbar werdende evangelische Modell der Ökumene nicht nur den imperialen Modellen überlegen, sondern auch das einzige, das faktisch funktioniert. Denn überall dort, wo innerhalb oder mit der römisch-katholischen Kirche ökumenische Lösungen für die einzelnen Christ:innen gefunden oder angestrebt werden, funktionieren sie nur auf der Basis reformatorischer Grundeinsichten. Ich nenne die eucharistische Gemeinschaft gemischt-konfessionelle Paare, die Segnungen für queere Personen, die Gleichheit der Geschlechter im kirchlichen Amt, die Stärkung der Laien bei der Ausübung des kirchlichen Amtes.

4. Von hier aus sei nochmals auf die Europäische Union zurückgelenkt, die ja oben vor dem Hintergrund ihrer Gründungsprinzipien und ihres grundrechtlichen Fundamentes in den Blick genommen wurde. Bei aller Euphorie und Attraktivität, die die Idee der Europäischen Integration hat und noch immer bei Nicht-Mitgliedsstaaten auslöst, die beitreten wollen (man denke an die Ukraine oder an die Republik Mol-

---

[21] In dieser Perspektive kann aus der Sicht der Baptistischen Theologie das ökumenische Modell der Leuenberger Konkordie positiv gewürdigt werden. Vgl. MAXIMILIAN ZIMMERMANN, Die Leuenberger Konkordie als ökumenisches Modell? Eine baptistische Sicht, in: Materialdienst des Konfessionskundlichen Instituts Bensheim 74(3) (2023), 166–169.

dau), so wird man auch nicht diejenigen Aspekte übersehen dürfen, die Frustrationen ausgelöst haben und immer wieder auslösen. Es wird hier darauf verzichtet, dies im Einzelnen auszuführen, sondern nur auf den Brexit verwiesen und darauf, dass sich in Deutschland die AfD auf einen EU-kritischen Kurs festgelegt hat, indem sie die Auflösung der EU jetzigen Zuschnitts anstrebt. Wenn die Umfragen zutreffen, dann kann die AfD bei den nächsten Wahlen auf bis zu 25 % Zustimmung hoffen. Die diesjährigen Wahlen zum Europäischen Parlament werden also auch ein Lackmus-Test für die Akzeptanz des europäischen Integrationsprojekts bei den Bürger:innen sein und daher lohnt es sich, für die Idee des politisch integrierten Europas neu zu werben.

Vor diesem Hintergrund kann die Grundidee der Leuenberger Konkordie, nämlich die Einheit in gestalteter Vielfalt, auch für die Weiterentwicklung des politischen Projektes ein wichtiges Regulativ sein. Denn mit diesem kategorialen Gerüst versteht man Europa zuvörderst nicht als gleichschaltende Bürokratie und intransparenter Verfahren, sondern als einen Ort der Verwirklichung von politischer Einheit in Verschiedenheit auf vielen Ebenen, von der – und darauf kommt es jetzt an: – die Bürger:innen im Sinne von Freiheit, Freizügigkeit und Gerechtigkeit profitieren können, ohne ihre nationale, kulturelle, sprachliche und last but not least religiöse Sonderheit aufgeben zu müssen oder auch nur zu sollen. Frieden, Freihandel, Freizügigkeit und Grundfreiheiten – das ist der Benefit, von dem die Einzelnen in Europa immer schon profitieren.[22]

---

[22] Vgl. dazu ARNULF VON SCHELIHA, Protestantische Ethik des Politischen, Tübingen 2013, 342–369.

Anstatt also die GEKE und die Kirchen in Europa immer stärker in Richtung des So-Soseins der Europäischen Institutionen zu drängen und sie den anderen Akteuren in Brüssel, Straßburg und Luxembourg zu verähnlichen, wäre sowohl im Rekurs auf die Differenzlogik der Lehre von zwei Regierweisen Gottes als auch mit Blick auf die Europäische Einigungsidee auf die bleibende Vielheit der Völker, der Kulturen und Sprachen und Weisen, das Evangelium zu verkünden und die Sakramente recht zu verwalten, zu verweisen. Denn diese Vielfalt ist, religiös wie politisch, eine Weise, die (religiöse) Freiheit der Christ:innen zu stärken: in den Regionen, in den Mitgliedsstaaten, in der Europäischen Union – in einer guten Balance dieser Ebenen. Dafür ist die Leuenberger Konkordie ein Paradigma, die als zivilgesellschaftliches Projekt sowohl die Ökumene als auch den politischen Raum bereichern kann, wenn in der Perspektive der evangelischen Rechtfertigungsbotschaft der Mensch – mit seinen Schwächen und Stärken, in jedem Fall in seiner von Gott geschenkten Würde – in den Mittelpunkt gestellt ist.

Schluss: Die Gemeinschaft von evangelischen Christ:innen, die die Leuenberger Konkordie ermöglicht, übertrumpft das Ergebnis des Westfälischen Friedens bei weitem. Denn die Grenzen zwischen den evangelischen Konfessionen und den Territorien sind für die einzelnen evangelischen Christ:innen nun durchlässig. Aus Toleranz wird Gemeinschaft, in die die Bekenntnisse, Kulturen und Erinnerungen eingebracht werden. Davon profitiert nicht nur der europäische Raum, sondern auch die *eine* Kirche Jesu Christi in der Vielzahl der Bekenntnisse, mit denen sich Christ:innen zur »Heilsmittlerschaft« (Nr. 12) Jesu Christi bekennen.

Georg Plasger

Bleibend Anstößiges an der Leuenberger Konkordie aus reformierter Sicht

Mein Thema ist die Frage des bleibend Anstößigen aus reformierter Sicht – und die Frage, was denn Anstößiges bedeutet und zugleich auch bleibend ist, ist ja zunächst einmal zu reflektieren. Woran nehmen die Reformierten im Blick auf die Leuenberger Konkordie Anstoß – und wo sehen die Reformierten, dass an der Leuenberger Konkordie Anstoß genommen werden sollte (und ja vielleicht zu wenig Anstoß genommen wird)? Ich möchte nach einigen Vorbemerkungen drei Aspekte aufgreifen – und die betreffen die Themen Sakramente, Ekklesiologie und Konfessionalität.

Zunächst: Reformierte Kirchen gehören zu denen, die recht schnell und ohne große interne Diskussionen in den reformierten Kirchen oder der reformierten Theologie Signatarkirchen geworden sind. Und: Innerhalb der reformierten Theologie ist eine Fundamentalkritik am ökumenischen Weg der Leuenberger Konkordie nicht in gleicher Weise formuliert worden wie in Teilen lutherischer Theologie.[1]

---

[1] Vgl. dazu z. B. TUOMO MANNERMAA, Von Preußen nach Leuenberg. Hintergrund und Entwicklung der theologischen Methode der Leuenberger Konkordie (= Arbeiten zur Geschichte und Theologie des Luthertums. NF Band 1), Hamburg 1981.

Das liegt unter anderem am unterschiedlichen Bekenntnisverständnis beider Konfessionen – und natürlich auch daran, dass innerhalb der reformierten Kirchen immer schon eine große Bandbreite an Positionen vorhanden war und ist, was es deutlich mühsamer macht, eine gemeinsame reformierte Position präzise zu formulieren. Margit Ernst-Habib hat im Angesicht der vielen reformierten und keineswegs in allen Punkten einigen Bekenntnisse formuliert: Reformierte »Identität ereignet sich immer wieder neu, wird geschenkt, geteilt, gefeiert und gelebt.«[2]

Gleichzeitig ist zu betonen, dass die Leuenberger Konkordie auch aus reformierter Sicht kein Bekenntnis darstellt, sondern eine Konsensformulierung, um Kirchengemeinschaft leben zu können.

Damit gehe ich auf drei Bereiche ein, die etwas Bleibend Anstößiges aus reformierter Sicht in der Leuenberger Konkordie darstellen.

1. Zum Verständnis der Sakramente in der Leuenberger Konkordie

Für ein reformiertes Verständnis der Sakramente sind einige Formulierungen in der Leuenberger Konkordie zumindest nicht ganz einfach nachzuvollziehen. Wenn es zur Taufe heißt, dass Jesus Christus »in ihr den der Sünde und dem Sterben verfallenen Menschen unwiderruflich in seine Heils-

---

[2] MARGIT ERNST-HABIB, Reformierte Identität weltweit. Eine Interpretation neuerer Bekenntnisse aus der reformierten Tradition, Göttingen 2017, 385.

gemeinschaft« (LK II,2) aufnimmt, ist der reformierte Verdacht auf eine Wirksamkeit des Sakraments durch den reinen Vollzug durchaus denkbar, wenn es eben »in ihr« heißt.

Ebenso könnte es bei der Abendmahlsformulierung reformierte Vorbehalte geben, wenn es heißt, dass sich Jesus Christus »im Abendmahl« selber schenkt; denkbar ist eine isolierte Interpretation auch dieses Satzes dahingehend, dass die Abendmahlsfeier durch den kirchlichen Vollzug selbst Sündenvergebung garantiert.

Aber – und das ist deutlich: Reformierte und Lutheraner haben unterschiedliche Verständnisse von Taufe und Abendmahl. Und diese Differenzen werden durch die Leuenberger Konkordie nicht aufgehoben. Ich komme auf diese Thematik zurück.

Nun könnte man fragen, ob man damit nicht – wie aus meiner Sicht die Lima-Erklärung von 1982 – ökumenische Formulierungen wählt, die jede Konfession jeweils für sich unterschiedlich interpretiert: Semantische Gemeinsamkeit ohne inhaltliche Annäherung.[3]

Ich verstehe die Leuenberger Konkordie hier deutlich anders – und darum kann auch die reformierte Theologie der Leuenberger Konkordie in den Sakramentsformulierungen zustimmen. Denn der gesamte Text der Leuenberger Konkordie kommt von einem gemeinsamen Verständnis des Evangeliums her. Die lutherische Gedankenführung wird durch den Hinweis auf CA VII (»Übereinstimmung in der rechten Lehre des Evangeliums und in der rechten Verwaltung der Sakramente«) benannt; das wäre aus reformierter Sicht nicht einmal

---

[3] Vgl. zur Lima-Erklärung LUKAS VISCHER, Die Konvergenztexte über Taufe, Abendmahl und Amt. Wie sind sie entstanden? Was haben sie gebracht?, in: Internationale Kirchliche Zeitschrift, 92 (2002/3), 139–178.

wirklich nötig gewesen. Der grundlegende Satz zur Verwirklichung von Kirchengemeinschaft ist viel eher in LK 4 benannt – Schrift, gemeinsame Bezeugung des Evangeliums, bedingungslose Gnade Gottes, Bestimmung der Kirche von ihrem Auftrag her (gerade der letzte Punkt, in dem auch Barmen VI anklingt, enthält deutliche reformierte Aspekte); dies wird in den Abschnitten 7–12 ausgeführt.

Diese gemeinsame Auffassung im Verständnis des Evangeliums, der die sichtbare kirchliche Einheit nicht vollständig entspricht, unterscheidet die Leuenberger Konkordie z. B. von Konsenserklärungen, die die Differenzen überspielen.

Auch in vielen Formulierungen ist das Bemühen erkennbar, wesentliche Akzente der anderen Konfession als Anfrage an das eigene Verständnis von Kirche zu verstehen. Für reformierte Kirchen zumindest in Deutschland ist die Relevanz des Sakramentsverständnisses als deutliche Anfrage an ihre eigene Praxis zu verstehen. Eine Reduktion der Bedeutung des Abendmahls auf eine reine Feier der Gemeinschaft der Glaubenden untereinander ist theologisch ebenso fragwürdig wie eine Feier des Abendmahls nur mit denen, die sich für gerecht genug halten. Damit nimmt die Leuenberger Konkordie Uranliegen zumindest Calvins auf und ist deshalb als Anstoß an die reformierten Gemeinden zu verstehen, ihre eigene Art und Weise der Sakramentsfeiern zu bedenken.

Im Taufartikel wird man die Leuenberger Konkordie als Anfrage und Anstoß auf das Taufverständnis in wohl allen Gliedkirchen der EKD verstehen müssen. In der Praxis vieler Kirchen ist die soteriologische Dimension, die LK 14 deutlich betont, zugunsten einer schöpfungstheologischen Interpretation der Taufe weitgehend verschwunden[4] – vielfach wird

---

[4] Vgl. dazu GÜNTER THOMAS, Was geschieht in der Taufe? Das Taufgesche-

die Taufe, sofern als Säuglingstaufe vollzogen, als Dank für die Geburt des Kindes und Bitte um Gottes Segen auf dem Weg des Kindes verstanden.

Die Frage der Lehrunterschiede – das macht dieser Blick deutlich – vollzieht sich nicht allein an den Grenzen oder Gräben der Konfessionen, sondern geht auch mitten durch die verschiedenen Kirchen hindurch.

2. Zum Thema Ekklesiologie

Der Begriff »Kirchen« kommt innerhalb der LK 36-mal vor und meint durchgängig die Kirchen als Organisationen der Gegenwart oder der Vergangenheit. Kirche im Singular kommt zehnmal vor und meint meistens die Kirche Jesu Christi als vor allem unsichtbare und alle Kirchen als Organisationen verbindende Größe. Hinzu kommt einige Male ein grundlegendes theologisches Verständnis von Kirche (LK 3: Handeln und Gestalt der Kirche sind allein von ihrem Auftrag her zu bestimmen; LK 12: Die Botschaft von der freien Gnade Gottes ist Maßstab aller Verkündigung der Kirche; Die Kirche hat die Aufgabe, dieses Evangelium weiterzugeben durch das mündliche Wort der Predigt; LK 13: Die Kirche hat die Aufgabe, dieses Evangelium weiterzugeben durch das mündliche Wort der Predigt, durch den Zuspruch an den einzelnen und durch Taufe und Abendmahl). Acht Mal kommt das Wort »Gemeinde« vor – und es scheint in allen Fällen vor allem um die Praxis in den Gemeinden vor Ort zu gehen.

---

hen – zwischen Schöpfungsdank und Inanspruchnahme für das Reich Gottes, Göttingen 2011.

Was aus reformierter Sicht an dieser Stelle unklar bleibt, ist das Verständnis des Verhältnisses von Kirche und Gemeinde. Auch in Deutschland haben wir in reformierten Kirchen sowohl Traditionen eines landesherrlichen Kirchenregiments, das stärker Kirche von oben her denkt, wie auch solche etwa der »Kirche unter dem Kreuz«, die Kirche strikt von Gemeinden her denkt. In Europa insgesamt ist das noch einmal differenter – und bunter.

Alles das, was über die Kirche im Singular ausgesagt wird, betrifft natürlich auch das Verständnis der Gemeinden. Die Kirchen im Plural sind aber eher die Signatarkirchen, die in der Leuenberger Konkordie ihr gemeinsames Verständnis finden. Und im Blick auf die Ordination – auch dazu gibt es natürlich einen Studientext der GEKE[5] – ist eine wesentliche pragmatische und in der Leuenberger Konkordie gemeinsam erarbeitete Lösung die der Anerkennung der Ordination der Signatarkirchen. Das ist für die reformierte Kirche unproblematisch.

Aber es ist meines Erachtens nötig, hier noch einen Schritt weiter zu gehen als nur die Frage nach der Anerkennung der Ordination. Im genannten Text ist das insofern schon geschehen, als dass die Frage von Standards in der Ausbildung zum geistlichen Amt reflektiert wurde – das ist ganz sicher wichtig. Aber wir merken schon innerhalb der EKD, wie sich hier Ordinationsverständnisse unterscheiden. In Deutschland werden zumindest in der Evangelischen Kirche im Rheinland und in der Evangelisch-reformierten Kirche alle, die im Dienst der Verkündigung tätig sind, ordiniert – und das heißt eben auch Laienprediger ohne ein klassisches Theologiestudium.

---

[5]   Amt, Ordination, Episkopé und theologische Ausbildung/Ministry, ordination, episkopé and theological education, Leipzig 2020.

Begründet wird das mit dem funktionalen Verständnis der Ämter in der Gemeinde – und auch die LK greift an einer Stelle die Ämter im Plural auf (LK 13).

Wenn man aber von verschiedenen Ämtern in der Gemeinde ausgeht: Warum wird dann letztlich nur das eine Verkündigungsamt herausgehoben und die anderen Ämter nicht? Bei einem Amtsverständnis, das letztlich nur ein Amt kennt, ist das nachvollziehbar – in der reformierten Tradition, die zumindest in der calvinischen Tradition von mehreren Ämtern ausgeht, ist das eher ein Problem. Die Unterscheidung von »Installation« und »Ordination« hat sich zwar in vielen auch reformierten Kirchen ergeben; eine theologische Begründung dieses Alleinvollzugs der Ordination mit lebenslangen Rechten und Pflichten auf das Verkündigungsamt ist jedenfalls theologisch eher problematisch. Nun könnte man sagen, dass die Praxis eben die Theorie überholt; das aber ist keine aus theologischer Sicht einfach akzeptable Lösung.

Steht das Verkündigungsamt der Gemeinde gegenüber – oder ist es Teil der Gemeinde? Es tauchen hier sofort viele pastoraltheologische Fragen auf, die jetzt nicht alle in den Blick genommen werden können. Aber eine Diskussion innerhalb der Gemeinschaft evangelischer Kirchen in Europa über das Verhältnis der Ämter und Dienste der Gemeinde auch zueinander ist mit den Formulierungen in der Leuenberger Konkordie eher erst angestoßen denn bereits geklärt. Es bleibt anstößig.

3. Konfessionalität

Vielfach betont die Leuenberger Konkordie die vorhandenen Unterschiede zwischen den verschiedenen Konfessionen. So benennt sie »wesentliche Unterschiede in der Art des theologischen Denkens und des kirchlichen Handelns der reformatorischen Väter« (LK 3), sie will die Entscheidungen der Väter, die zu Gegensätzen in Abendmahlslehre, Christologien und Prädestination geführt haben, ernst nehmen (LK 17), sie sieht »beträchtliche Unterschiede zwischen der Gestaltung des Gottesdienstes, in den Ausprägungen der Frömmigkeit und in den kirchlichen Ordnungen« (LK 28). Sie betont das gemeinsame Verständnis des Evangeliums (LK 6), sieht die Möglichkeit der Bereicherung konfessioneller Einseitigkeiten durch den Einbezug anderer konfessioneller Perspektiven (z. B. in der Christologie; vgl. LK 22) und spricht sich gegen eine Vereinheitlichung der lebendigen Vielfalt der Verkündigungsweisen, des gottesdienstlichen Lebens, der kirchlichen Ordnung und der diakonischen wie gesellschaftlichen Tätigkeit aus (LK 45).

Es ist sehr nachvollziehbar, dass Lehrgespräche aufgrund der in der Leuenberger Konkordie formulierten Übereinstimmung das Ziel gehabt haben, an vorhandenen Lehrunterschieden weiterzuarbeiten. Genannt werden in der Leuenberger Konkordie ja verschiedene Themen: »hermeneutische Fragen im Verständnis der Schrift, Bekenntnis und Kirche, Verhältnis von Gesetz und Evangelium, Taufpraxis, Amt und Ordination, Zwei-Reiche-Lehre und Lehre von der Königsherrschaft Jesu Christi, Kirche und Gesellschaft« (LK 39) – diese Aufgaben sind intensiv und aus meiner Sicht auch erfolgreich angegangen worden.

Meine bleibende Frage aber ist: Welche Rolle spielt die verschiedene Konfessionalität in der Leuenberger Konkordie?

Dass die unterschiedlichen Konfessionen ein Ausgangspunkt waren, um die Frage der Gemeinsamkeiten stärker in den Blick zu nehmen, war gut. Aber wie gehen die verschiedenen evangelischen Kirchen mit den vorhandenen Unterschieden um? In der 2013 veröffentlichten Studie »Schrift – Bekenntnis – Kirche« (Leuenberger Texte 14)[6] ist das Thema »Konfessionalität« aufgenommen worden – und es heißt dort: »Die Leuenberger Konkordie erklärt Gemeinschaft zwischen Kirchen verschiedenen Bekenntnisstandes aus der Überzeugung heraus, dass die Unterschiedlichkeit der reformatorischen Bekenntnisse die gemeinsame verbindliche Bezeugung des Evangeliums nicht ausschließt, sondern zu gemeinsamem Bekennen herausfordert.«[7] Und weiter: »Es gehört zum Wesen ihrer durch die Leuenberger Konkordie erklärten Kirchengemeinschaft, die jeweiligen Bekenntnisbindungen zu respektieren, ohne deren Vereinheitlichung zur Vorbedingung für die Kirchengemeinschaft zu machen. Dies ist möglich, weil diese Bekenntnisse als unterschiedliche Zeugnisse für das eine Evangelium angesehen werden.«[8]

Das Ziel der Leuenberger Konkordie ist es also nicht, Konfessionen zu überwinden. Das aber haben, zumindest in Deutschland, nicht alle so gesehen. So hat der frühere Bischof der Ev. Kirche von Kurhessen-Waldeck, Martin Hein, in einem Vortrag aus dem Jahr 2013 im Blick auf die Bekenntnisgrundlage der EKD formuliert:

---

[6] Schrift – Bekenntnis – Kirche. Ergebnis eines Lehrgesprächs der Gemeinschaft Evangelischer Kirchen in Europa/Scripture – Confession – Church. Result of a Doctrinal Discussion in the Community of Protestant Churches in Europe, hg. von/edited by MICHAEL BÜNKER, Leipzig 2013.

[7] A. a. O., 39.

[8] A. a. O., 40.

»Die Leuenberger Konkordie wird in den Passagen, die sich zu den konfessionellen Differenzen äußern und diese explizit [! Sc. GP] überwinden, zur gemeinsamen Bekenntnisgrundlage der EKD. Das würde einen Funktionswandel der Leuenberger Konkordie über ihre ursprüngliche Intention hinaus bedeuten: Wir entdecken sie als nach vorne ausgerichtet. Nach vierzig Jahren der Erfahrungen von Kirchengemeinschaft scheint es mir an der Zeit, über solch einen Schritt nachzudenken und dann auch zu gehen.«[9]

Martin Hein hat also das Ziel, die Dimension der »Verschiedenheit« aufzulösen – besser zu überwinden. Nach ihm sind die Konfessionen in der Gegenwart überholt und haben nur noch historische Valenz. Sie sind eher als Hindernis auf dem Weg zum Evangelisch-Sein zu sehen – und die Leuenberger Konkordie dient ihm als Sprungbrett zur Überwindung der als Hindernisse benannten Verschiedenheiten. Differenzierter hat dies Volker Jung auf der Vollversammlung der Union evangelischer Kirchen in Deutschland 2022 in Magdeburg formuliert: »Die Leuenberger Konkordie formuliert gemeinsam evangelisch ein christologisch begründetes und rechtfertigungstheologisch entfaltetes Verständnis des Evangeliums. Sie überwindet so kirchentrennende Bekenntnisunterschiede zwischen den reformatorischen Kirchen – insbesondere auch im Blick auf das Abendmahlsverständnis.«[10] Dem ersten Satz

---

[9] MARTIN HEIN, Typisch lutherisch, typisch reformiert – oder einfach evangelisch? Eine historische Erläuterung. Vortrag beim 429. Studienkurs des Theologischen Studienseminars der VELKD in Pullach *40 Jahre Leuenberger Konkordie – wo stehen wir in der innerprotestantischen Ökumene?* am 21.02.2013, 18, URL: https://www.ekkw.de/media—ekkw/downloads/bischof—130221—vortrag—einfach—evangelisch—pullach.pdf (Stand: 07.06.2023).

[10] VOLKER JUNG, Bericht des Präsidiums der Union Evangelischer Kirchen in der EKD (UEK) bei der Vollkonferenz der UEK am 7. November 2022 in

(Die Leuenberger Konkordie formuliert ...) ist auf jeden Fall zuzustimmen. Aber werden, indem die Differenzen als nicht mehr kirchentrennend verstanden werden, diese »überwunden«? Die Unterschiede bleiben bestehen, ihre Relevanz hat sich nach Auffassung der Leuenberger Konkordie verändert.

Hier möchte ich zumindest deutlich machen, dass ein solches Verständnis der Überwindung der Konfessionen ein deutliches reformiertes Problem darstellt – und ich bin froh, dass dieser Weg innerhalb der Gemeinschaft Evangelischer Kirchen in Europa auch nicht angestrebt wird.

Aber dieser Befund stellt aus meiner Sicht eher eine Herausforderung dar, die Frage der Konfessionalität im Rahmen der GEKE zu bedenken.

Alle Bekenntnisse der Konfessionen sind einerseits geprägt durch den ihnen innewohnenden Anspruch auf »Wahrheit« (und damit Universalität) und andererseits durch die Faktizität der Pluralität (und damit Partikularität). Das kann innerhalb einer Konfession selbst thematisiert werden (im reformierten Verständnis) oder es ist faktisch im Blick auf das Vorhandensein anderer Bekenntnisse außerhalb der eigenen Konfession zu sehen (so eher im lutherischen Verständnis). Damit ist durch die vorhandene Vielfalt von Bekenntnissen innerhalb der Gemeinschaft der evangelischen Kirchen in Europa die Frage nach dem Wahrheitsanspruch des eigenen Bekenntnisses gestellt. Im Blick auf das Abendmahl ist die Frage deutlich, ob die konfessionellen Unterschiede im Verständnis der Präsenz Jesu Christi tendenziell zu überwinden sind (das wäre konsequent bei Hein). Dann aber würden

---

Magdeburg, URL: https://www.uek-online.de/downloads/Praesidiumsbericht—2022—nach—Praesidium.pdf (Stand: 07.06.2023).

Präzisionen und Klarheiten nivelliert, sodass theologische Differenzen nicht mehr Gegenstand im Selbstverständnis von Kirchen und Gemeinden wären, weil ja nur das Gemeinsame betont wird. Und das führt letztlich zur Trivialisierung kirchlicher Theologie und kirchlicher Bildung in der Gegenwart.

Wenn »evangelisch« nur das ist, worauf man sich gemeinsam besinnt (und das wäre denkbar, wenn man die Leuenberger Konkordie als Bekenntnis versteht), wäre zu fragen, ob dieses Verfahren letztlich nicht zur Nivellierung oder gar Abschaffung von Bekenntnissen oder zumindest von deren Kenntnissen etwa im Studium führt.

Wenn Bekenntnisse in irgendeiner Weise den Anspruch auf Wahrheit in sich tragen (wenn auch, wie die Reformierten gerne betonen, nur vorläufig und prinzipiell revidierbar), dann müsste doch bei Infragestellung dieser Wahrheit eine »höhere« Einsicht zur Geltung kommen.

Innerhalb der Gemeinschaft evangelischer Kirchen in Europa leben wir faktisch in einer Pluralität von Erkenntnissen, ohne diese selbst zu verabsolutieren. Diese Pluralität wird aber aufgegeben, wenn wir Konfessionen zu überwinden suchen.

Wie aber steht – nicht nur faktisch, sondern auch theologisch – beides beieinander: Der Anspruch auf Universalität (weil ein Bekenntnis ja nicht nur für die eigene Konfession formuliert, sondern für die ganze Kirche Jesu Christi) und zugleich das Wissen um die Partikularität (einfach schon im Zusammensein der verschiedenen Konfessionen in der GEKE)?

Würden wir ein Verständnis von Pluralität suchen, das die anderen Kirchen und Bekenntnisse nur als »andere« wahrnimmt und nicht als Herausforderung, ist das eher ein Ausdruck von Gleichgültigkeit und eine selbstzufriedene Beschränkung auf eine Position – und eben nicht mehr ein

Anspruch auf Übereinstimmung des eigenen Bekenntnisses mit dem Evangelium. Aber darunter geht es nicht. Ich kann als reformierter Theologe bestimmte Aussagen in lutherischen Bekenntnissen nur für – sagen wir es vorsichtig – problematisch erachten – und das wird den Lutheranern mit dem reformierten Bekenntnis nicht anders gehen.

Das führt zur Frage nach dem Verhältnis von Pluralität und Wahrheitsanspruch. Kann die faktisch vollzogene Anerkennung von Pluralität mit der Nichtrelativierung eigener (natürlich begrenzter) Wahrheitseinsichten einhergehen? Wie kann es gelingen, gleichzeitig vom einen Grund Jesus Christus, der sein Heil auch extra muros ecclesiae nostrae zuwendet, und der Übereinstimmung der eigenen (begrenzten!) Sicht mit der Aussage der Heiligen Schrift auszugehen (sofern nicht schon dort plurale Perspektiven zum Ausdruck kommen)? Sind so gesehen nicht gerade Konfessionen Ausdruck der Bescheidenheit – und der Verzicht auf sie Hybris?

Sie merken, dass ich hier bei offenen Fragen bin. Ich habe hier keine fertige Antwort, sondern sehe notwendige theologische Fragen. In der vorfindlichen Wirklichkeit real existierender Kirchen hat das immer wieder auch mit Mehrheit und Minderheit, mit Macht, Einfluss und auch Geld zu tun – und nicht nur mit Theologie.

Und natürlich ist die Frage des Zusammenkommens von Konfessionen im Zusammenhang einer Kirche, die kleiner wird, immer wieder neu wichtig und aktuell. Aber das darf nicht nur eine Frage von ökonomischen Ressourcen sein.

Ganz pragmatisch stellt sich gegenwärtig in manchen unierten Landeskirchen die Zukunftsfrage von kleinen reformierten Gemeinden, die zu klein für eine eigene Pfarrstelle geworden sind (und manchmal auch zu klein für eine halbe). Ist die Frage einer Fusion mit einer nicht-reformierten Gemeinde zu einer unierten Gemeinde dann automatisch verbunden mit einer Preisgabe des reformierten Bekenntnisstandes einer Gemeinde?

Vielleicht würde Bischof Hein sagen, dass das als Gewinn und nicht als Verlust darzustellen ist. Und das mag dort, wo das Reformierte nur als Traditionspflege verstanden wird, sogar so sein.

Aus reformierter theologischer Sicht geht die Frage aber tiefer. Und deswegen ist es aus meiner Sicht unabdingbar, dass die Gemeinschaft evangelischer Kirchen in Europa sich diese Frage nach dem Verhältnis von Pluralität und Wahrheitsanspruch, von Konfessionalität und vorhandener Diversität (denn die Frage nach der Konfessionalität setzt ja auch weitere Fragen frei) auf ihre eigene Agenda schreibt – und die EKD auch.

Wenn mir so z. B. die Lutheraner oder auch die Methodisten in der GEKE zum Anstoß werden, ist das gut für eine Kirche, die weiß, dass sie sich nicht selbst gehört.

Ich schließe mit der ersten These der ältesten reformierten Bekenntnisschrift, den Berner Thesen von 1528:

»Die heilige christliche Kirche, deren einziges Haupt Christus ist, ist aus dem Worte Gottes geboren und hört nicht die Stimme eines Fremden.«[11]

Solange wir an diesem Stein, dem Eckstein, nicht anstoßen, weist die Leuenberger Konkordie uns auf den richtigen Weg.

---

[11] Berner Thesen von 1528, in: GEORG PLASGER/MATTHIAS FREUDENBERG (Hg.), Reformierte Bekenntnisschriften. Eine Auswahl von den Anfängen bis zur Gegenwart, Göttingen 2005, 21–25, 24.

Andrea Grünhagen

Leuenberger Konkordie

Bleibend Anstößiges in lutherischer Perspektive

Sehr geehrte Damen und Herren,
zu Beginn möchte ich mich herzlich für die Einladung zu dieser Tagung und die Gelegenheit hier vortragen zu dürfen, bedanken. Meine Ausführungen versuchen, die Perspektive der Selbständigen-Evangelisch-lutherischen Kirche deutlich werden zu lassen. Darum kurz eine Information zur SELK zuvor: Im Jahr 1972 schlossen sich auf dem Gebiet der alten Bundesländer und Berlin/West die Ev.-luth. (altluth.) Kirche, die Ev.-luth. Freikirche und die (alte) Selbständige evangelisch-lutherische Kirche in Hessen und Niedersachsen zur Selbständigen Evangelisch-lutherischen Kirche (SELK) zusammen, 1976 kam die Evangelisch-lutherische Bekenntniskirche dazu. Auf dem Gebiet der DDR war ein organisatorischer Zusammenschluss der Altlutheraner mit der Ev.-Luth. Freikirche (ELFK) nicht möglich, dort gründete man, ebenfalls 1972, die Vereinigung evangelisch-lutherischer Freikirchen. 1991 kam es zum Zusammenschluss der SELK mit der Ev.-luth. (altluth.) Kirche auf dem Gebiet der DDR. Seit 1984 betrachtet die ELFK die Kirchengemeinschaft mit der SELK als beendet.

Entstanden sind alle Vorgängerkirchen der SELK im 19. Jahrhundert, vor allem im Widerstand gegen die Einführung der Union zwischen Lutheranern und Reformierten, aber auch in Ablehnung verschiedener liberaler theologischer Tendenzen in damaliger Zeit.

Mit der Kabinettsordre vom 27.09.1817 des preußischen Königs Friedrich Wilhelm III begann die Geschichte der Ev.-luth. Kirche in Preußen, den sog. Altlutheranern. In diesem Text heißt es:

»Schon Meine, in Gott ruhende erleuchtete Vorfahren, der Kurfürst Johann Sigismund, der Kurfürst Georg Wilhelm, der große Kurfürst, König Friedrich I. und König Friedrich Wilhelm I. haben, wie die Geschichte ihrer Regierung und ihres Lebens beweiset, mit frommem Ernst es sich angelegen sein lassen, die beiden getrennten protestantischen Kirchen, die reformirte und lutherische, zu Einer evangelische, christlichen in Ihrem Lande zu vereinigen. Ihr Andenken und Ihre heilsame Absicht ehrend, schließe Ich Mich gerne an Sie an, und wüsche ein Gott wohlgefälliges Werk, welches in dem damaligen unglücklichen Sektengeiste unüberwindliche Schwierigkeiten fand, unter dem Einfluße eines *besseren Geistes, welcher das Außerwesentliche beseitiget und die Hauptsache im Christenthum, worin beide Konfessionen Eins sind, festhält*, zur Ehre Gottes und zum Heil der christlichen Kirche, in Meinen Staaten zu Stande gebracht, und bei der bevorstehenden Säkular-Feier der Reformation damit den Anfang gemacht zu sehen! ...

Auch hat diese Union nur dann einen wahren Werth, wenn weder Überredung noch Indifferentismus an ihr Theil haben, wenn sie aus der Freiheit eigener Überzeugung rein hervorgehet, und sie *nicht nur eine Vereinigung der äußeren Form ist, sondern in der Einigkeit der Herzen*, nach ächt biblischen Grundsätzen, ihre Wurzeln und Lebenskräfte hat. ...

So wie Ich Selbst in diesem Geiste das bevorstehende Säkularfest der Reformation, in der Vereinigung der bisherigen reformirten und lutherischen Hof- und Garnison-Gemeine zu Potsdam, zu Einer evangelisch-christlichen Gemeine feiern, und mit derselben das heilige Abendmahl genießen werde: so hoff Ich, daß dies Mein Eigenes Beispiel wohlthuend auf alle protestantische Gemeinen in Meinem Lande wirken, und eine allgemeine Nachfolge im Geiste und in der Wahrheit finden Möge. ... Potsdam, den 27sten September 1817, Friedrich Wilhelm.«[1]

---

[1] Amts-Blatt der Königlichen Regierung zu Potsdam. Jahrgang 1817, 356f. Im Geheimen Staatsarchiv Preußischer Kulturbesitz Berlin | HA Rep. 89

Vier Jahre später veröffentlichte der König eine Agende, in der lutherische und reformierte liturgische Elemente des Gottesdienstes zusammengeführt wurden. Die überwiegende Mehrheit der Pfarrer und Gemeinden in Preußen nahm diese Agende an, doch vor allem in Schlesien und Pommern regte sich auch Widerstand, der sich vor allem mit dem Namen des Breslauer Professors *Johann Gottfried Scheibel* (1783–1843) verbindet.

Aus Anlass des 300. Jubiläums der CA im Jahr 1830 begann Friedrich Wilhelm IV, die Einführung der neuen Agende zu forcieren. In der Kabinettsordre vom 28.02.1834 schrieb er: »Die Union bezweckt kein *Aufgeben des bisherigen Glaubensbekenntnisses, auch ist die Autorität, welche die Bekenntnisschriften der beiden evangelischen Confessionen bisher gehabt, durch sie nicht aufgehoben* worden. Durch den Beitritt zu ihr wird nur der *Geist der Mäßigung und Milde* ausgedrückt, welcher die *Verschiedenheit einzelner Lehrpunkte der andern Confession nicht mehr als den Grund gelten läßt, ihr die äußerliche kirchliche Gemeinschaft zu versagen*.«[2]

Genau zehn Monate später stand ein Dragonerregiment vor der Kirche im schlesischen Dorf Hönigern und sorgte gegen den Widerstand der Gemeinde gewaltsam dafür, dass die königliche Agende auf den Altar gelegt wurde.[3]

Nr. 22722 Bl. 46f. findet sich auch der handschriftliche Entwurf der Unionsurkunde verfasst von Rulemann Friedrich Eylert, seit 1806 Hof-, Garde- und Garnisonsprediger in Potsdam, sowie enger Vertrauter und Seelsorger des Königs. Vergleiche auch Quellen zur Geschichte selbstständiger evangelisch-lutherischer Kirchen in Deutschland, Göttingen, 2. Auflage 2010, 33 f.

[2] Quellen zur Geschichte, 55 f.

[3] Quellen zur Geschichte, 29.

Die kirchliche Selbständigkeit der Altlutheraner wurde um den Preis erkauft, sich staatlichen Zwangsmaßnahmen ausgesetzt zu sehen oder auszuwandern.[4] Wenn Sie sich die Zitate aus den Texten zur Einführung der preußischen Union vor Augen führen, ahnen Sie schon gewiss, was Anklänge an einen besseren Geist, der Außerwesentliches beseitigt und die Hauptsache im Christentum festhält sowie einer Union, die die bisherige Autorität der Bekenntnisschriften nicht aufhebt und die Verschiedenheit einzelner Lehrpunkte nicht mehr als Grund sieht, äußerliche kirchliche Gemeinschaft zu versagen bei Nachfahren der Altlutheraner auslöst. Dieser Geist der Mäßigung und Milde lässt sie aus bitterer Erfahrung hellhörig werden.

Die historischen Ereignisse und die notvollen Erfahrungen einer kirchlichen Sonderexistenz als Minderheitenkirche haben bei den Vorgängerkirchen der SELK nicht dazu geführt, dass sie den ökumenischen Horizont und den Wert der kirchlichen Einheit vergessen oder abgelehnt hätten, sondern beim Zusammenschluss zur SELK im Jahr 1972 konnten sie gemeinsam in Art. 1 ihrer Grundordnung formulieren: »Die Selbständige Evangelisch-Lutherische Kirche steht in der Einheit der heiligen, christlichen und apostolischen Kirche, die überall da ist, wo das Wort Gottes rein gepredigt wird und die Sakramente nach der Einsetzung Christi verwaltet werden. Sie bezeugt Jesus Christus als den alleinigen Herrn der Kirche und verkündigt ihn als den Heiland der Welt.«[5]

Ein ökumenisches Bewusstsein ist also durchaus vorhanden, allerdings: Die Leuenberger Konkordie zu unterzeichnen

---

[4] ERNST ZIEMER, Vor 100 Jahren, Aktenmäßige Ergänzungen zur Entstehungsgeschichte der ev.-luth. Gemeinde in Breslau, Breslau 1930, 97.

[5] GO SELK Art. 1,1.

sahen und sehen sich die selbständigen Lutheraner nicht in der Lage. An dieser Stelle sollen dazu nur einige wenige Gründe angeführt werden.[6]

1. Die Bedeutung der Heiligen Schrift in der LK

Es ist auffällig, dass im Text der Leuenberger Konkordie kein Schriftwort direkt zitiert wird, um als Grundlage der jeweils getroffenen Aussagen zu fungieren. Die Bedeutung der Heiligen Schrift wird jedoch thematisiert. Folgende Formulierungen finden sich dazu:

»... dass Leben und Lehre an der ursprünglichen und reinen *Bezeugung des Evangeliums in der Schrift* zu messen sei.«[7]

»In einer vierhundertjährigen Geschichte haben die theologische Auseinandersetzung mit den Fragen der Neuzeit, die *Entwicklung der Schriftforschung*, die kirchlichen Erneuerungsbewegungen und der wiederentdeckte ökumenische Horizont die Kirchen der Reformation zu neuen, einander ähnlichen Formen des Denkens und Lebens geführt.«[8]

---

[6] Ausführliche Literatur zum Thema findet sich in: JÜRGEN KAMPMANN/ WERNER KLÄN (Hg.), Preußische Union, lutherisches Bekenntnis und kirchliche Prägungen, OH Hefte Ergänzungsband 14, Göttingen 2014; W. KLÄN/G. DA SILVA (Hg.), Die Leuenberger Konkordie im innerlutherischen Streit, OU Hefte Ergänzungsband 9, Göttingen 2012; auch auf ältere Ausführungen zum Thema sei hingewiesen: T. MANNERMAA, Von Preußen nach Leuenberg, Hamburg 1981; U. ASENDORF/F. W. KÜNNETH (Hg.), Von der wahren Einheit der Kirche – Lutherische Stimmen zum Leuenberger Konkordienentwurf, Berlin 1973; U. ASENDORF/F. W. KÜNNETH (Hg.), Leuenberg – Konkordie oder Diskonkordie, Berlin 1974.

[7] LK 1,1.

[8] LK 1,2.

Die ausschließliche Heilsmittlerschaft Christi sei die »Mitte der Schrift« und die Rechtfertigungsbotschaft als »die Botschaft von der freien Gnade Gottes ›Maßstab aller Verkündigung der Kirche‹«.[9]

»Das Evangelium wird uns *grundlegend bezeugt* durch das *Wort der Apostel und Propheten in der der Heiligen Schrift Alten und Neuen Testamentes.*«[10]

»Das gemeinsame *Verständnis des Evangeliums*, auf dem die Kirchengemeinschaft beruht, muss weiter vertieft, am Zeugnis der heiligen Schrift *geprüft und ständig aktualisiert* werden.«[11]

Verkürzt gesprochen könnte man also formulieren, die Aussage der LK sei, dass in der Heiligen Schrift das Evangelium enthalten sei, dessen gemeinsames Verständnis dargelegt wird und dessen gemeinsame Bezeugung die Grundlage für die Kirchengemeinschaft darstellt. Dazu kommt ein dynamisches Moment, insofern dieses (Verständnis des) Evangelium(s) sich fortentwickeln kann, wenn sich die Schriftforschung verändert bzw. weil sie sich verändert hat und weil es ständiger Aktualisierung bedarf. Diese erfolgt dann anhand des Maßstabs des »Zeugnisses der Heiligen Schrift«, nicht etwa der ganzen Heiligen Schrift als solcher. In der Schrift wird das Evangelium nur »grundlegend bezeugt«. Spitzfindig könnte man bemerken, dass das Wort grundlegend doppeldeutig ist: nur in Grundzügen/anfangsweise oder als bestimmender Grund?

Ich rufe im Unterschied dazu die Konkordienformel in Erinnerung: »Wir gleuben, leren und bekennen, Das die einige

---

[9] LK II.1.d.
[10] LK II.2.
[11] LK IV.2.b.

Regel und Richtschnur, nach welcher zugleich alle Leren und Lerer gerichtet und geurteilet werden sollen, sind allein die Prophetischen und Apostolischen Schrifften altes und neues Testaments ...«[12]

Das heißt: was in der Kirche geltende Lehre ist, ist von der Schrift her, die in ihrer Gänze Wort Gottes ist und nicht nur das Evangelium in den menschlichen Worten der Propheten und Apostel enthält, zu erschließen. Die Schrift steht über der Kirche und ihren Lehren und Lehrern. Sie ist nicht nur geschichtlicher Anfang (»grundlegend«), sondern bleibende Regel und Richtschnur, norma normans, die auch nicht durch »Entwicklungen in der Schriftforschung« oder andere menschliche Erkenntnisse anders normiert wird.

Die SELK hat sich in Aufnahme der FC in ihrer Grundordnung so positioniert: »Sie ist gebunden an die *Heilige Schrift* Alten und Neuen Testaments als an *das unfehlbare Wort Gottes*, nach dem alle Lehren und Lehrer der Kirche beurteilt werden sollen. Sie bindet sich daher an die Bekenntnisschriften der evangelisch-lutherischen Kirche, *weil in ihnen die schriftgemäße Lehre bezeugt ist*, nämlich an die drei ökumenischen Symbole (das apostolische, das Nicänische und das Athanasianische Bekenntnis), an die ungeänderte Augsburgische Konfession und ihre Apologie, die Schmalkaldischen Artikel, den Kleinen und Großen Katechismus Luthers und die Konkordienformel.«[13]

---

[12] BSELK, 1216, FC Vom summarischen Begriff.
[13] GO SELK Art.1,2.

2. Die Unterscheidung von Grund und Ausdruck des Evangeliums bzw. des Glaubens

Soweit ich sehe, gehört zur Methodik der LK die sprachliche und sachliche Unterscheidung zwischen »Grund und Gestalt« bzw. »Grund und Ausdruck« des Evangeliums, sowie die Unterscheidung von Evangelium, Glauben, Lehre und Bekenntnis (was ja eigentlich auch fast Synonyme sein können). Glaube und Evangelium werden in LK meist miteinander identifiziert, während Lehre und Bekenntnis etwas anderes sind und nicht zum Grund, sondern zur Gestalt oder zum Ausdruck gehören.

Um Kirchengemeinschaft pflegen zu können ist nach der LK Voraussetzung, dass Übereinstimmung im Grund, also im Glauben an das Evangelium besteht, nicht aber notwendigerweise im Ausdruck dieses Glaubens, also in der Lehre oder dem Bekenntnis.

Legt man an diese Deutung nun die Systematik der Konkordienformel an, wird deutlich, worin der Unterschied zum lutherischen Bekenntnis besteht (und bei einem Konsensdokument ja auch bestehen muss): In der FC werden die einzelnen Lehrfestlegungen mit der Wendung: Wir glauben, lehren und bekennen…(credimus, docemus et confitemur), sozusagen in einem Atemzug, genannt, so dass also der Gedanke fernliegt, als sei der Glaube (des Einzelnen oder der Kirche) etwas anderes als die Lehre oder das Bekenntnis derselben. Dann folgen die Affirmativa. Diese wären in der Methodik der LK Teil des Ausdrucks des Glaubens, worüber man unterschiedlicher Meinung sein kann, solange man grundlegend das Gleiche glaubt. Die in der FC folgenden Negativa verlieren dann nach der LK ihre Relevanz, da sie ja ohnehin nur den Ausdruck des Glaubens betreffen und außerdem die historischen Verwerfungen »den Stand der Lehre« per definitionem heute nicht mehr treffen, was ohne Begründung festgehalten wird.

Nun erkennt die LK aber doch die Notwendigkeit von Konsensdefinitionen an, die auch den größeren Teil des Textbestandes ausmachen, obwohl sie nur Gestalt und Ausdruck des Glaubens sind, dem man aber zustimmen muss, wenn man Teil der GEKE werden will. Für die Aufrichtung von Kirchengemeinschaft wäre es doch eigentlich in der Systematik der LK ausreichend gewesen, das Evangelium, das geglaubt wird, zu beschreiben.

3. Das Abendmahlsverständnis der LK

Es wäre unsinnig, anzunehmend, dass dies einfach nur unlogisch wäre und niemandem aufgefallen ist. Vielmehr handelt es sich um einen bewussten Verzicht darauf, Lehraussagen genau festlegen zu wollen. Darum heißt es in Bezug auf das Abendmahl: »Ein Interesse an der Art der Gegenwart Christi im Abendmahl, das von der Handlung absieht, läuft Gefahr, den Sinn des Abendmahls zu verdunkeln.« Es ist richtig, dass Christus das Sakrament des Altars nicht eingesetzt hat, damit wir darüber diskutieren und spekulieren, sondern damit wir es feiern zu unserer Seelen Seligkeit.

Damit wir es aber gemäß der Einsetzung des Stifters und zum seligen Gebrauch feiern, müssen wir doch wissen, was das ist, das wir dabei empfangen. Sieht man Art. X der CA und Art. VII der FC an, so besteht dort gerade das Hauptinteresse darin, auszusagen, was es mit der »Gegenwart Christi« im Altarsakrament auf sich hat. In den lutherischen Bekenntnisschriften wird dabei nicht nur die spirituelle oder personale

Präsenz Christi, sondern die sakramentale, reale Präsenz des Leibes und Blutes Christi in mit und unter den Gaben von Brot und Wein ausgesagt, sowie die manducatio impiorum festgehalten, die quasi die Probe aufs Exempel darstellt. FC VI sagt: »Wir gleuben, leren und bekennen, das nicht allein die rechtgeubigen und wirdigen, sondern auch die unwirdigen und ungleubigen empfahen den wahrhaftigen Leib und Blut Christi, doch nicht zum Leben und Trost, sonders zum gericht und verdammnis.«[14]

Nun könnte man einwenden, ob das denn etwas anderes sei, als die LK sage: »Im Abendmahl schenkt sich der auferstandene Jesus Christus in seinem für alle dahingegebenen Leib und Blut durch sein verheißendes Wort mit Brot und Wein. So gibt er sich selbst vorbehaltlos allen, die Brot und Wein empfangen; der Glaube empfängt das Mahl zum Heil, der Unglaube zum Gericht.« Erschließt man sich diesen Satz grammatikalisch, werden die Unterschiede zum obengenannten sichtbar:

> »Wer schenkt sich vorbehaltlos allen, die Brot und Wein empfangen. Antwort: Jesus Christus. Was empfangen alle? Antwort: Brot und Wein. Ein Empfangen der Person oder gar des Leibes und Blutes Christi wird nicht ausgesagt. Jesus Christus, die Person, schenkt sich uns spirituell im Zuge des Mahls. Wer oder was empfängt? Antwort: Der Glaube. Was empfängt der Glaube? Antwort: das Mahl. Eine streng am luth. Bekenntnis orientierte Variante des Satzes würde dagegen lauten: Im Abendmahl schenkt der auferstandene Jesus Christus seinen für alle dahingegebenen Leib und sein für alle vergossenes Blut durch sein verheißendes Wort in, mit und unter den Gestalten von Brot und Wein allen, die mit Brot und Wein seinen Leib und sein Blut empfangen. Die Glaubenden empfangen den Leib und das Blut

---

[14] BSELK, 1260.

Christi zum Heil, wer nicht glaubt, empfängt Leib und Blut Christi zum Gericht.«

Ich kann mir nicht vorstellen, dass reformierte oder unierte Christen diesen Satz unterschreiben wollten. Damit ist aber der Dissensus beschrieben, der unserer Auffassung nach 1529 in Marburg bestand und der 1830 in Breslau bestand und der 1972 immer noch bestand und heute noch besteht. Es ist eben genau die Frage der Art der Gegenwart Christi im Abendmahl. Und ebenso wie Luther 1529 antwortete und Melanchthon in der ungeänderten Augsburgischen Konfession schrieb: »et improbant secus docentes«, deutsch schärfer: »Derhalben wirt auch die gegenlahr verworffen.«[15], ebenso kann die SELK nicht behaupten, die historischen Verwerfungen träfen die heutigen Gesprächspartner nicht mehr.

4. Der Begriff »Kirchengemeinschaft« in der LK

Damit sind für unsere Kirche die Grenzen der Kirchengemeinschaft markiert, ungeachtet einzelner seelsorgerlicher Ausnahmen im Rahmen einer sensiblen Zulassungspraxis zum hl. Abendmahl.

Die LK definiert Kirchengemeinschaft als etwas, das »Kanzel -und Abendmahlsgemeinschaft und die gegenseitige Anerkennung der Ordination.«[16] einschließt. So sieht es die SELK auch. Und ich denke, vor 50 Jahren war man sich darüber, was Kirchengemeinschaft bedeutet, einig. Für den heutigen

---

[15] BSELK, 104, CA X.
[16] LK Präambel.

ökumenischen Dialog könnte es aber von Bedeutung sein, wahrzunehmen, dass nach den Worten von Friedrich Hauschild[17] drei Modelle von Kirchengemeinschaft innerhalb der GEKE existieren. Demnach kann mit dem Begriff Kirchengemeinschaft eine Gemeinschaft von Kirchen gleicher Konfession (VELKD, LWB) oder eine Gemeinschaft zwischen einzelnen Kirchen verschiedener Konfession in einer Region (EKD), oder die universalkirchliche Ordnung aller Kirchen entweder als Gemeinschaft zwischen einzelnen Kirchen oder als Gemeinschaft von Kirchen (ÖRK) gemeint sein. Gerade diese letztere schließt Kanzel- und Abendmahlsgemeinschaft nicht ein. Wäre dies dann Kirchengemeinschaft im Sinne der LK? Dazu gehört, dass es dabei Kirchengemeinschaft gibt mit lehrmäßiger Übereinstimmung, ohne lehrmäßige Übereinstimmung und Fälle, wo Kirchengemeinschaft nicht möglich ist. Auch Friedrich Wilhelm IV kannte schon die »Einigkeit der Herzen« und die »äußerliche kirchliche Gemeinschaft.«

Das Problem entsteht aus unserer Sicht bei der Kirchengemeinschaft ohne lehrmäßige Übereinstimmung. Lehrmäßige Übereinstimmung wäre aus unserer Sicht unabdingbare Voraussetzung für die Feststellung von Kirchengemeinschaft. Ein Blick in die Grundordnung der SELK zeigt dies:

»Die Selbständige Evangelisch-Lutherische Kirche pflegt Kirchengemeinschaft mit allen Kirchen, die *Lehre und Handeln* in gleicher Weise an die Heilige Schrift und das lutherische Bekenntnis binden.

---

[17] FRIEDRICH HAUSCHILDT, Lutherische Identität und Zustimmung zur Leuenberger Konkordie. in: W. KLÄN (Hg), Lutherische Identität in kirchlicher Verbindlichkeit. Erwägungen zum Weg lutherischer Kirchen in Europa nach der Milleniumswende. OUH 4 Erg., Göttingen 2007, 48 ff.

Sie verwirft die der Heiligen Schrift und den lutherischen Bekenntnissen *widersprechenden Lehren* und ihre *Duldung* sowie jede *Union*, die gegen Schrift und Bekenntnis verstößt.

Sie weiß sich darin einig mit der rechtgläubigen Kirche aller Zeiten.«[18]

In diesen Sätzen sind hohe Hürden für die Feststellung von Kirchengemeinschaft markiert. Da ist zum Beispiel die Tatsache, dass für die SELK, resultierend aus der Geschichte einiger ihrer Vorgängerkirchen, nicht nur der de iure-Standpunkt, also das Vorhandensein einer Bindung an das lutherische Bekenntnis in den kirchlichen Ordnungen einer anderen Kirche, sondern auch die konkrete Umsetzung dieser Bekenntnisbindung in der Praxis (de facto – Standpunkt) maßgeblich ist. Außerdem ist festgeschrieben, dass es um Schrift und Bekenntnis geht, also beispielsweise ein Konsens in den »Grundwahrheiten der heiligen Schrift« oder ein »gemeinsames Verständnis des Evangeliums« nicht ausreichen. Im Unterschied zur LK vertritt die GO der SELK die Ansicht, dass die Verwerfungen (nicht nur der Reformationszeit) nach wie vor auch noch heute vertretene Lehrpositionen treffen und hält sogar fest, dass auch die Duldung, d. h. der mangelnde Widerspruch gegen diese Lehren, ausgeschlossen ist. Explizit wird in der GO auch der Begriff der »Union« genannt. Dies ist aus der Geschichte gerade der altlutherischen Kirche sicher mehr als verständlich. Gleichzeitig bedeutet das, dass die SELK damit die Selbstverpflichtung eingeht, nicht einfach jedes Konsensbemühen abzulehnen, sondern zu prüfen, ob dieses Schrift und Bekenntnis wiederspricht. Der letzte Satz hält den Anspruch fest, mit diesem Verständnis von Kirchengemein-

---

[18] GO SELK 2, 1–3.

schaft nicht einer sektiererischen Freude an der Trennung zu frönen, sondern damit geistliche und theologische Grundsätze zu vertreten, die schon immer galten.

Ist die Leuenberger Konkordie ein Text im Bekenntnisrang?

Zum Abschluss sei noch die Frage gestellt, ob die Leuenberger Konkordie nicht doch die Funktion eines Bekenntnisses erfüllt, obwohl sie dies selbst verneint? Einerseits ist es theologisch unmöglich, sie für ein Bekenntnis zu halten, da Glieder unterschiedlicher Kirchen unterschiedlicher Konfession eigentlich gar kein gemeinsames Bekenntnis ablegen können. Aber erfüllt sie nicht doch die Funktion eines Bekenntnisses? Diese Frage kommt aus der Überlegung, wie es sonst möglich ist, dass sich diametral widersprechende Aussagen wie Frage 78 des Heidelberger Katechismus: »Werden denn Brot und Wein in Leib und Blut Christi verwandelt? Nein.« neben dem Kleinen Katechismus, 5. Hauptstück, Frage 1: »Was ist das Sakrament des Altars? Es ist der wahre Leib und Blut unseres Herrn Jesu Christi«, inhaltlich stehenbleiben kann, wenn nicht die Leuenberger Konkordie doch mit einer höheren Lehrautorität, nämlich eines neuen Bekenntnisses, diese historischen Bekenntnistexte neu interpretiert oder abgelöst hat?

Schluss: Non possumus

Der grundsätzliche inhaltliche Unterschied durch diese Festlegung der SELK beeinflusst natürlich die Ergebnisoffenheit bezüglich ökumenischer Dialoge. Dies ist uns wohl bewusst. Wir denken allerdings, dass der Wert ökumenischer Gespräche auch in einem Deutlichmachen und gegenseitigen Verstehen der jeweiligen, nicht hintergehbaren Unterschiede bestehen kann, wie der jüngste Trialog zwischen UEK, VELKD und SELK m. E. zeigt.

In diesem Sinne kann ich nur um Respekt und Verständnis für unsere Position werben und bitten, eher auf das durchaus im ökumenischen Dialog Erreichte als auf das nicht zu Erreichende zu schauen.

Wolfgang Thönissen

Welches ökumenische Ziel?

Kirchen- und Eucharistiegemeinschaft nach katholischem Verständnis[1]

Einleitung: Ziel Kirchengemeinschaft?

Debatten um Zielvorstellungen der Ökumene sind seit vielen Jahren im Gang. Der seit den Dreißigerjahren des zwanzigsten Jahrhunderts geführte ökumenische Dialog hat sich immer wieder mit der Frage nach der Gestalt und der Struktur der

---

[1] Der folgende Beitrag greift auf die mit meiner Habilitationsschrift im Jahre 1994 erstmals vorgestellte und immer wieder von mir erweiterte Konzeption von Kirchengemeinschaft in katholischer Perspektive zurück: W. THÖNISSEN, Gemeinschaft durch Teilhabe an Jesus Christus. Ein katholisches Modell für die Einheit der Kirchen, Freiburg i. Br. 1996; DERS., Einheitsverständnis und Einheitsmodell nach katholischer Lehre, in: G. HINTZEN/W. THÖNISSEN, Kirchengemeinschaft möglich? Einheitsverständnis und Einheitskonzepte in der Diskussion, Paderborn 2001, 73-125 (Thema Ökumene 1); Kirchengemeinschaft als ökumenisches Einheitsmodell? Eine katholische Perspektive, in: Kirche in ökumenischer Perspektive, hg. von P. WALTER, K. KRÄMER, G. AUGUSTIN, Freiburg i. Br. 2003, 163-177; DERS., Auf dem Weg zur Kirchengemeinschaft. Ökumene nach dem Reformationsgedenken, in: S. KOPP/W. THÖNISSEN (Hg.) Mehr als friedvoll getrennt? Ökumene nach 2017, Freiburg i. Br. 2017, 65-87 (Theologie im Dialog 21); DERS., Subsistit. Ekklesiologie und Ökumene in der katholischen Kirche, in: B. OBERDORFER/O. SCHUEGRAF (Hg.), Reform im Katholizismus. Traditionstreue und Veränderung in der römisch-katholischen Theologie und Kirche, Leipzig 2018, 177-197 (Beihefte zur Ökumenischen Rundschau 119). Für diesen Beitrag habe ich die zentralen Thesen aus meinen Beiträgen

Einheit beschäftigt.² Als die evangelischen Kirchen in Deutschland nach dem Zweiten Weltkrieg begannen, über konkrete Formen einer innerevangelischen Einigung zu debattieren, und mit der Leuenberger Konkordie von 1973 ein evangelisches Modell für die Einheit präsentierten, stellte sich alsbald heraus, dass auch die in den siebziger Jahren neu in das ökumenische Gespräch eintretende katholische Kirche eine Antwort auf die Frage nach der Gestalt der gesuchten Einheit wird finden müssen. Deshalb regte sich schon bald nach dem Ende des Zweiten Vatikanischen Konzils Interesse an den Bemühungen reformatorischer Kirchen um Kirchengemeinschaft auch auf katholischer Seite, vorrangig im Umfeld des Freiburger Dogmatikers und Ökumenikers *Karl Lehmann*.³ Das Zweite Vatikanische Konzil hat die Frage nach dem Ziel der ökumenischen Bemühungen zwar deutlich angesprochen, selbst aber darauf keine konkrete Antwort gegeben. Das Konzil beschäftigte sich vorrangig mit den ekklesiologischen Voraussetzungen und Bedingungen, stellte die katholischen Prinzipien des Ökumenismus heraus, suchte praktische Wege für eine Verständigung im beginnenden ökumenischen Dialog und hatte hinsichtlich der von ihr getrennten orthodoxen Kirchen die Vorstellung von einer Wiederherstellung der zerbrochenen Gemeinschaft unter den Kirchen des Ostens und der katholischen Kirche im Blick. Eine genaue Beschreibung

---

aufgegriffen und für unsere heutige Debatte über Kirchengemeinschaft angeschärft.

² Immer noch grundlegend: H. MEYER, Ökumenische Zielvorstellungen, Göttingen 1996 (BH 78).

³ Vgl. die von ihm betreute Doktorarbeit von E. SCHIEFFER, Von Schauenburg nach Leuenberg. Entstehung und Bedeutung der Konkordie reformatorischer Kirchen in Europa, Paderborn 1983 (KKTS 48).

des Ziels einer Einigung mit den aus der Reformation hervorgegangenen Kirchen unterblieb indessen. Erstmals unternahmen *Heinrich Fries* und *Karl Rahner* auf katholischer Seite 1983 den Versuch, Bedingungen und Möglichkeiten einer Einigung der Kirchen in katholischer Perspektive zu beschreiben.[4] Unterdessen traten die Bemühungen evangelischer Kirchen um eine Einheit immer stärker in den Vordergrund. Die Leuenberger Konkordie von 1973 versteht sich selbst als eine ekklesiologische Grundentscheidung der aus der Reformation hervorgegangenen Kirchen. Sie will Voraussetzungen und Bedingungen einer Kirchengemeinschaft einschließlich der Kanzel- und Abendmahlsgemeinschaft unter Verzicht auf eine einheitliche Ordnungsgestalt klären. Mit dem Stichwort »Kirchengemeinschaft« ist damit die ökumenische Zielbestimmung in eine bestimmte Richtung gelenkt worden.[5] Auf katholischer Seite wird heute die ökumenische Bedeutung der Leuenberger Konkordie für den innerprotestantischen Einigungsprozess weitgehend anerkannt, aber im Blick auf die ökumenische Verständigung auch entschieden bestritten. Ob Kirchengemeinschaft auf dieser Grundlage auch eine gemeinsame evangelisch-katholische Herausforderung darstellen kann, ist hoch umstritten. Das zeigt sich etwa in der Debatte

---

[4] H. FRIES/K. RAHNER, Einigung der Kirchen – reale Möglichkeit, Freiburg i. Br. 1983 (QD 100).

[5] H. MEYER, Zur Entstehung und Bedeutung des Konzepts »Kirchengemeinschaft«. Eine historische Skizze aus evangelischer Sicht, in: Communio Sanctorum. Einheit der Christen – Einheit der Kirche, hg. von J. SCHREINER/K. WITTSTADT, Würzburg 1988, 204-234 (FS Paul-Werner Scheele). Jetzt auch mit verschiedenen Beiträgen zur Frage der Kirchengemeinschaft: H. MEYER, Versöhnte Verschiedenheit. Aufsätze zur ökumenischen Theologie I, Frankfurt a. M./Paderborn 1998.

um das vom Ökumenischen Arbeitskreis evangelischer und katholischer Theologen favorisierte Modell einer begrenzten Abendmahlsgemeinschaft.[6] Hier wird von katholischer Seite vermutet, dass hinter diesem Votum die Vorstellung der Leuenberger Konkordie auszumachen ist und damit eben ein protestantisches Modell.[7]

Der Weg zu einer weiterführenden Beschreibung von ökumenischen Zielvorstellungen wird daher nicht einfach zu beschreiben sein. Unzählige Beiträge haben sich mit der Frage nach dem Ziel der Ökumene beschäftigt.[8] Unterschiedliche Modelle wurden in der Vergangenheit genannt: organische Union, korporative Union, föderative Union, konziliare Gemeinschaft, versöhnte Verschiedenheit, das Teil-Kirchen-Modell, das Koinonia-Verständnis.[9] Welches Modell findet in der

---

[6] Gemeinsam am Tisch des Herrn. Ein Votum des ökumenischen Arbeitskreises evangelischer und katholischer Theologen, hg. von V. LEPPIN/ D. SATTLER, Freiburg i. Br./Göttingen 2020 (DiKi 17).

[7] So KURT KARDINAL KOCH, Welche Einheit suchen wir? Reflexionen zum Ziel der Ökumenischen Bewegung in katholischer Sicht, in: KNA-ÖKI, 14-15.4.April 2023, I–XV. Schon früher: DERS., Kirchengemeinschaft oder Einheit der Kirche? Zum Ringen um eine angemessene Zielvorstellung der Ökumene, in: Kirche in ökumenischer Perspektive, hg. von P. WALTER, K. KRÄMER, G. AUGUSTIN, Freiburg i.Br. 2003, 135–162; DERS., Lob der Vielfalt – Gerät den christlichen Kirchen die Einheit aus dem Blick?, in: S. KOPP/W. THÖNISSEN (Hg.) Mehr als friedvoll getrennt? Ökumene nach 2017, Freiburg i. Br. 2017, 15–40 (Theologie im Dialog 21).

[8] Vgl. W. THÖNISSEN, Ökumenische Theologie heute. Entwicklungen – Tendenzen – Ergebnisse, in: ThRev 116 (2020), 425–444; DERS., Keine Einbahnstraße zur Einheit. Reflexionen zur Lage der Ökumene. in: Cath (M) 73 (2019), 202–219.

[9] Vgl. G. Hintzen, Verwirklichungen kirchlicher Einheit unter reformatorischen Kirchen, in: G. HINTZEN/W. THÖNISSEN, Kirchengemeinschaft

Ökumene Unterstützung und gegenseitige Anerkennung? Im Vordergrund stehen Fragen, die geklärt werden müssen: Unter welchen Voraussetzungen lässt sich Abendmahls- oder Eucharistiegemeinschaft herstellen? Ist hierfür eine größere institutionelle Zusammenarbeit nötig; sind verbindliche Strukturen der Gemeinsamkeit gefragt? Wenn auch immer wieder eine Einheit in Vielfalt oder eine Einheit in versöhnter Verschiedenheit angezielt wird, so bleiben diese typischen Bezeichnungen doch letztlich unbefriedigend. Deshalb ist es nötig, bestimmte Grundelemente anzugeben: Welche Rolle spielen die verbleibenden Lehrverurteilungen für die zu suchende Einheit der Kirche? Welche Bedeutung hat das gemeinsame Glaubensbekenntnis? Wie muss die Gemeinschaft unter den Kirchen strukturell aussehen? Welche Freiheiten kann man sich in Ordnungsfragen gegenseitig lassen?

2. Begriffliche Klärungen

Ökumenische Zielvorstellungen und Modelle ihrer Realisierung lassen sich seit geraumer Zeit mit Begriffen und Vorstellungen von kirchlicher Gemeinschaft, wachsender Gemeinschaft oder auch nur Kirchengemeinschaft beschreiben.[10] Dahinter steht das auf evangelischer Seite profilierte Modell der Leuenberger Kirchengemeinschaft. Der Begriff und die Vorstellung von Kirchengemeinschaft deuten eine solche

---

möglich? Einheitsverständnis und Einheitskonzepte in der Diskussion, Paderborn 2001, 17–71 (Thema Ökumene 1).

[10] H. MEYER, Art. Kirchengemeinschaft.1. Evangelisches Verständnis, in: LOEK, 648; W. THÖNISSEN, Art. Kirchengemeinschaft.2. Katholisches Verständnis, in: LOEK, 649 f.

Dynamisierung und Flexibilisierung unserer Einheitsvorstellung an. Ökumeniker verwenden heute beide Vorstellungen und Begriffe, weil sie vermeiden wollen, dass mit der Suche nach der sichtbaren Einheit unter den Christen die bereits gewachsene Gemeinschaft unter ihnen aus dem Blick gerät. Aber hier zeigen sich Transformationen. Diese lassen sich so beschreiben: Mit der Anerkennung der Taufe nichtkatholischer Christen, wie es das Zweite Vatikanische Konzil hervorgehoben hat, ist nicht nur eine Aussage über den individuellen Heilsstand einzelner Gläubiger gemacht worden, sondern, mindestens anfangsweise, auch über den ekklesialen Status der Gemeinschaft, dem derselbe Gläubige angehört. Die gegenseitige Anerkennung der Taufe unter den christlichen Kirchen zieht auch einen bestimmten Modus der Anerkennung der Kirchlichkeit derjenigen Gemeinschaften und Kirchen nach sich, in denen getauft wird. Auf diesen Aspekt hat die nachkonziliare Rezeption in der Lehre der neueren Päpste hingewiesen.[11] Es war Papst *Johannes Paul II.* in seiner Emzyklika »Ut Unum Sint«, der auf die ekklesiologische Bedeutung der Frage nach der Taufanerkennung entschieden hingewiesen hat. Dazu kommt die Frage hinzu, ob Christen, die einer bestimmten Gemeinschaft angehören, am Abendmahl bzw. der Eucharistie einer anderen Gemeinschaft teilnehmen können[12], und zwar auch wechselweise. Das Votum

---

[11] So Papst Johannes Paul II. in seiner Enzyklika *Ut unum sint* Nr. 11–14 (VapS 121).

[12] Diese Frage haben die deutschen katholischen Bischöfe mit der Orientierungshilfe zu klären versucht: Mit Christus gehen – Der Einheit auf der Spur. Konfessionsverbindende Ehen und gemeinsame Teilhabe an der Eucharistie, in: Th. Söding/W. Thönissen (Hg.), Eucharistie – Kirche –

des Ökumenischen Arbeitskreises »Gemeinsam am Tisch des Herrn«[13] hat hierzu einen Vorschlag vorgelegt, der in den letzten Jahren kontrovers diskutiert wurde; entscheidend daran ist die mit dem Votum einhergehende Idee einer wechselseitigen Partizipation, die als Teilschritt auf dem Weg zur vollen Kirchengemeinschaft verstanden werden kann. Die wichtige Frage wird sein, ob sich die katholische Theologie, insonderheit das kirchliche Lehramt, mit einer Vorstellung einer dynamisch verstandenen Kirchengemeinschaft, wie es die Leuenberger Kirchengemeinschaft vorschlägt, einverstanden erklären kann. Zentral ist hier allerdings die Frage, welche Kriterien für eine volle Eucharistie- und Kirchengemeinschaft gemeinsam für hinreichend gehalten werden müssen, nämlich Verständigungen über Fragen des Glaubens ebenso wie über Fragen des kirchlichen Amtes und der apostolischen Sukzession, damit Kirchengemeinschaft erklärt und verwirklicht werden kann. Darüber ist ein intensiver ökumenischer, allerdings auch nicht unstrittiger Klärungsprozess im Gang.

3. Unverzichtbare Elemente einer sichtbaren Einheit

Im Blick auf die ökumenische virulente Frage nach der sichtbaren Einheit und ihrer formalen Gestalt hatte das Zweite Vatikanische Konzil noch keine ausreichende Antwort gegeben. Schon gar nicht hatte das Konzil ein protestantisches

---

Ökumene. Aspekte und Hintergründe des Kommunionstreits, Freiburg i. Br. 2019, 13-40 (QD 298).
[13] Vgl. Anm. 6.

Einheitsmodell im Blick. Das Ökumenismusdekret sprach von der Suche nach der Einheit unter Christen – unitatis redintegratio inter universos Christianos – und setzte selbstverständlich die in Christus ergangene Einheit der Kirche voraus: »denn Christus der Herr hat eine einige und einzige Kirche gegründet« (UR 1). Damit hält das Konzil streng am Bekenntnis der katholischen Kirche zur Einheit der Kirche fest, wie sie dem Wortlaut gemäß seit der Bulle »Unam sanctam« (1302) von Papst Bonifatius VIII. den lehramtlichen Sprachgebrauch prägte. Danach nimmt das Dekret anhand der festgestellten Spaltungen unter den Christen nacheinander die orthodoxen und die getrennten Kirchen und kirchlichen Gemeinschaften im lateinischen Westen in den Blick (UR 19). Nur hinsichtlich der getrennten orthodoxen Kirchen sprach das Ökumenismusdekret von einer erwünschten Wiederherstellung der vollen Gemeinschaft zwischen den östlichen Kirchen und der katholischen Kirche (plena communio inter Ecclesias orientales et Ecclesiam catholicam – UR 14), wobei es dabei implizit voraussetzte, dass trotz der eingetretenen Trennung eine unvollkommene Gemeinschaft bestehen geblieben war. Diese bezeichnete das Dekret als »gewisse gottesdienstliche Gemeinschaft« (quaedam communicatio in sacris). Im Blick auf die getrennten Kirchen und kirchlichen Gemeinschaften im Westen sprach das Dekret hingegen von einer besonderen Beziehung und Verwandtschaft (cum Ecclesia catholica peculiari affinitate ac necessitudine iunguntur – UR 19). Hier war also nicht von Gemeinschaft im Sinne einer communio Ecclesiarum die Rede, wie im Blick auf die orthodoxen Kirchen, die in der Gottesdienstgemeinschaft vollzogen wird. Damit sind gravierende Unterschiede markiert, die bis heute Bestand haben.

Das Zweite Vatikanische Konzil hat den lehramtlichen Ausgangspunkt einer wiederherzustellenden vollen Gemeinschaft zwischen bisher getrennten Kirchen allerdings nicht im Ökumenismusdekret »Unitatis redintegratio« dargelegt. Dies erfolgt vorrangig in der Kirchenkonstitution »Lumen Gentium«. Damit muss man zur Klärung der ökumenischen Frage nach der Gestalt der sichtbaren Einheit von deren theologischer Grundkonzeption ausgehen, wobei eine gewisse Spannung zwischen der sichtbaren Einheit der Kirche einerseits und der vom Konzil gewollten Wiederherstellung der Gemeinschaft unter den Kirchen nicht zu übersehen ist. Jene wird durch die Vorstellung der erstmals in der Theologiegeschichte so bestimmten sakramentalen Gestalt der Kirche Jesu Christi bestimmt. Wenn Christus der Grund der Kirche ist, dann hat diese Kirche in und durch Christus eine sakramentale Grundgestalt, sie ist Zeichen und Werkzeug in seinem universalen Heilswerk. Der sakramentalen Grundgestalt entsprechen auf der sichtbaren Ebene sakramentale Gestaltungen, die Glauben, Leben und gottesdienstliche Ordnung der Kirche ausprägen. Hermeneutisch betrachtet ist dieser gesamte ekklesiologische Komplex als sakramentaler Ordo zu verstehen, in dem Grund, Grundgestalt und Gestaltungen einen bestimmten, nicht aufzulösenden Zusammenhang bilden. Freilich gilt es darauf zu achten, die mit diesem ekklesiologischen Konzept verbundene ökumenische Öffnungsklausel nicht zu übersehen. Dann gewinnt dieses durchaus hilfreiche hermeneutische Instrumentarium eine angemessene Deutung. Erst eine genaue Rekonstruktion der entsprechenden Texte des Konzils gibt Aufschluss über die vom Konzil gewollten Vorstellungen zur Einheit unter den Christen, die in verschiedenen Kirchen und Gemeinschaften leben.

a) Grund der Kirche ist Christus

Am Vorabend des Konzils hatten sich Vorstellung und Begriff der Sakramentalität der Kirche innerhalb der katholischen Theologie so weit geklärt, dass sie kirchenamtlich rezipiert werden konnten. Das Zweite Vatikanische Konzil suchte mithilfe dieser Grundfigur den einseitigen Folgen zu entkommen, die sich mit den Entscheidungen des Trienter Konzils und des Ersten Vatikanischen Konzils verbanden. Das Trienter Konzil hatte der katholischen Kirche durch seine gegen die reformatorische Theologie gerichteten Entscheidungen eine sakramental-sichtbare Gestalt vorgegeben, vor allem in der Entscheidung über ein sichtbares äußeres Priestertum, die später mit der Unfehlbarkeitsdoktrin und dem Jurisdiktionsprimat des Ersten Vatikanums verbunden wurde. Die in der Unfehlbarkeitsdoktrin sichtbar gewordene Über-Beanspruchung der Sichtbarkeit der Kirche sollte durch die Rede von der Sakramentalität wieder theologisch eingeholt werden. Dabei stachen aus der theologischen Diskussion in Deutschland zwei Grundmuster heraus, welche das Konzil zu verbinden trachtete: die auf O. *Semmelroth* zurückgehenden funktionalen Entwürfe (Sakrament als Instrument des Heiles)[14] und die auf K. Rahner zurückgehenden Entwürfe, die die Zeichenhaftigkeit in den Vordergrund rückten (Sakrament als signum efficax)[15]. Es war gerade der deutsche Vorentwurf für die Kirchenkonstitution, der diese Grundidee auf dem Konzil zu lancieren trachtete.[16] Mit der fundamentalen Aussage, die Kir-

---

[14] Die Kirche als Sakrament des Heiles, in: MySal IV/1 (1972), 309–355.
[15] Kirche und Sakramente, Freiburg u. a. 1960 (QD 10).
[16] Vgl. hierzu G. Wassilowsky, Universales Heilssakrament Kirche. Karl

che sei in Christus gleichsam das Sakrament, d. h. Zeichen und Werkzeug, suchte das Konzil diese beiden Grundvorstellungen zu integrieren. Für die nachfolgende theologische Diskussion erwies sich die ekklesiologische Rezeption des Begriffs der Sakramentalität als das vorherrschende Sachproblem. Denn es konnte nicht unberücksichtigt bleiben, dass mit dem ekklesiologisch rezipierten Begriff eine andere Qualität des Begriffes »Sakrament« angezielt war. Damit wird ein analoger Gebrauch des Begriffs der Sakramentalität notwendig.[17]

Die Kirchenkonstitution »Lumen gentium« versteht das sakramentale Verständnis von Kirche als ein ekklesiologisches Programm, mit dem folgende in LG 1 enthaltene Zusammenhänge erfasst und gemeinsam dargelegt werden sollen. Hier lautet der Text: die Kirche ist »in Christus gleichsam das Sakrament (veluti sacramentum), bzw. Zeichen und Werkzeug für die innigste Vereinigung mit Gott und für die Einheit des ganzen Menschengeschlechts«. Die nachfolgende Rekonstruktion dieses Zusammenhangs im Kontext der Art. 1–8 eröffnet Wege für eine ökumenisch sensible Interpretation:

(1.) Nur in Christus ist die Kirche »gleichsam Sakrament«. Die Kirche ist also nicht in einem absoluten Sinne »Sakrament«, sondern in Relation zu Christus. In Wahrheit ist also die Aussage über die Kirche eine christologische. Christus selbst ist das Licht der Völker, nicht die Kirche, in ihr allerdings leuchtet das Licht Christi auf. Christus ist somit das Subjekt des Heilshandelns. Damit bereitet das Zweite Vatikanische

---

Rahners Beitrag zur Ekklesiologie des II. Vatikanums, Innsbruck 2001 (IThS 59).

[17] Vgl. hierzu W. THÖNISSEN, Gemeinschaft durch Teilhabe an Jesus Christus (Anm. 1), 158–174.

Konzil eine theologische Konzentration auf das Bekenntnis zu Jesus Christus als dem alleinigen Mittler vor.

(2.) In einem übertragenen Sinn muss die Kirche im Heilswerk Christi verstanden werden als von ihm selbst eingesetztes Zeichen und Werkzeug; die Kirche fungiert wie ein Sakrament »für die innigste Vereinigung mit Gott wie für die Einheit der ganzen Menschheit«, sie ist aber selbst kein Sakrament. Darauf weist das »veluti« hin. So ist die Kirche die Vermittlung zwischen Gott und Menschheit, in ihm handelt die Kirche als eigenständiges Subjekt. Sie steht dabei unter der Führung und Leitung des Heiligen Geistes. Damit nimmt das Konzil eine ökumenisch relevante Verortung der Ekklesiologie in der Pneumatologie vor.

(3.) Die Kirche ist heilsökonomisch-trinititarisch in das Mysterium der Selbstoffenbarung Gottes in Christus durch den Heiligen Geist eingespannt. Ihr Grund liegt in Gottes schöpferischem Handeln für die Menschheit, ihr Ziel in der eschatologischen Wiederkunft Christi zur Erlösung der Menschheit. Insoweit ist die Kirche das Mysterium des Gottesreiches und damit selbst Gegenstand des Glaubens. Damit ist die Kirche beides, verborgen und sichtbar.

(4.) Durch die Kraft Gottes wächst die Kirche sichtbar in der Welt. Die Sichtbarkeit der Kirche ist somit ein wesentliches, dem trinitarisch-heilsökonomischen Mysterium entsprechendes Moment ihrer Sakramentalität und kann von diesem nicht getrennt werden. Das muss ökumenisch so verstanden werden, dass die Sichtbarkeit der Kirche kein Alleinstellungsmerkmal des Kirche-Seins darstellt, sondern ein nicht zu leugnendes wesentliches Element, das Teilaspekt des mysterialen, verborgenen Charakters der Kirche selbst ist.

In Anknüpfung an diese fundamentalen Aussagen eines sakramentalen Kirchenverständnisses führt die Kirchenkonstitution in Art. 8 in nochmaliger Verdichtung und Vertiefung aus, wobei hier nun die in Art 1 erwähnte Figur der Analogie – »einer nicht unbedeutenden Analogie« – aufgegriffen und zugleich interpretiert wird:

> »Der einzige Mittler Christus hat seine heilige Kirche, die Gemeinschaft des Glaubens, der Liebe und der Hoffnung, hier auf Erden als sichtbares Gefüge verfasst und trägt sie unablässig [...] Die mit hierarchischen Organen ausgestattete Gesellschaft und der geheimnisvolle Leib Christi, die sichtbare Versammlung und die geistliche Gemeinschaft, die irdische Kirche und die mit himmlischen Gaben beschenkte Kirche sind nicht als zwei verschiedene Größen zu betrachten, sondern bilden eine einzige komplexe Wirklichkeit, die aus menschlichem und göttlichem Element zusammenwächst [...]«.[18]

---

[18] Der ganze Text in LG 8 lautet: »Der einzige Mittler Christus hat seine heilige Kirche, die Gemeinschaft des Glaubens, der Hoffnung und der Liebe, hier auf Erden als sichtbares Gefüge verfasst und trägt sie als solches unablässig; so gießt er durch sie Wahrheit und Gnade auf alle aus. Die mit hierarchischen Organen ausgestattete Gesellschaft und der geheimnisvolle Leib Christi, die sichtbare Versammlung und die geistliche Gemeinschaft, die irdische Kirche und die mit himmlischen Gaben beschenkte Kirche sind nicht als zwei verschiedene Größen zu betrachten, sondern bilden eine einzige komplexe Wirklichkeit, die aus menschlichem und göttlichem Element zusammenwächst. Deshalb ist sie in einer nicht unbedeutenden Analogie dem Mysterium des fleischgewordenen Wortes ähnlich. Wie nämlich die angenommene Natur dem göttlichen Wort als lebendiges, ihm unlöslich geeintes Heilsorgan dient, so dient auf eine ganz ähnliche Weise das gesellschaftliche Gefüge der Kirche dem Geist Christi, der es belebt, zum Wachstum seines Leibes (vgl. Eph 4,16). Dies ist die einzige Kirche Christi, die wir im Glaubensbekenntnis als die eine, heilige, katholische und apostolische bekennen. [...] Diese Kirche, in dieser Welt als Gesellschaft verfasst und geordnet, ist verwirklicht in der katholischen Kirche, die vom Nachfolger Petri und von den Bischöfen in Gemeinschaft mit ihm geleitet wird. Das schließt nicht aus, dass außerhalb

Danach kann Kirche als Mysterium im sakramentalen Sinne begriffen werden, wobei drei Ebenen gemäß der Regel der Analogie unterschieden werden müssen: (1.) das tranzendental-göttliche Element, (2.) das irdisch-menschliche Element, (3.) die Vereinigung dieser beiden Elemente als das Sakrament. Kirche gibt es nach diesem Verständnis nur als Sakrament, das heißt als Zeichen und Werkzeug im Heilswerk Jesu Christi. Das Mysterium »Kirche« erscheint hier in der Spannungseinheit von sichtbarer und verborgener Kirche, eine Einheit, die nicht auseinandergerissen werden darf. »Der springende Punkt dieses sakramentalen Kirchenverständnisses liegt nun darin: Kirche im vollen theologischen Sinn des Wortes existiert nur auf der dritten Ebene, also in der Einheit von transzendent göttlichem und immanent menschlichem Element.«[19] Kirche zeichnet sich dadurch als »Sakrament« aus, dass sich das »Göttliche« unter dem Wirken des Heiligen Geistes gleichsam in einer konkret geschichtlich-gesellschaftlichen Gestalt »inkarniert«. Kirche ist deshalb auch als Institution eine geschichtliche »Größe«, und zwar gerade in der Spannungseinheit von gesellschaftlichem Gefüge und dem Heiligen Geist, dem, wie der Text sagt, dieses Gefüge zum Wachstum des Leibes Christi dient. Somit weist Kirche in einer Bewegung des Transzendierens in ihrem Selbstvollzug immer über sich hinaus auf Christus selbst und ist auch als irdisch-geschichtliche Größe »epiphan« für das »Göttliche«.[20]

---

    ihres Gefüges vielfältige Elemente der Heiligung und der Wahrheit zu finden sind, die als der Kirche Christi eigene Gaben auf die katholische Einheit hindrängen.«

[19] Vgl. M. KEHL, Die Kirche und die Kirchen, in: W. THÖNISSEN (Hg.), *Unitatis redintegratio*. 40 Jahre Ökumenismusdekret – Erbe und Auftrag (KSMI 23) Paderborn/Frankfurt a. M. 2005, 120.

Dieser vom Konzil unter dem Leitbegriff der Sakramentalität prononcierte mehrdimensionale, also analoge Kirchenbegriff bringt mehrere theologische Grundeinsichten zur Geltung, die die katholische Theologie nach dem Konzil so auf den Punkt brachte und womit sie den Begriff der Sakramentalität präzisieren wollte:

(1.) Jesus Christus ist das »Ursakrament«, wie die theologische Forschung herausstellte. Wenn von Kirche als Sakrament gesprochen wird, dann soll damit die bleibende Herkünftigkeit der Kirche aus dem Geheimnis Jesu Christi ausgesagt werden. Die Kirche ist Geheimnis, weil sie selbst Gegenstand des Offenbarwerdens des grundlegenden göttlichen Mysterions ist, auf das sich der Glaube bezieht. Sie geht aus diesem Geheimnis Gottes als Zeichen und Werkzeug des göttlichen Heilswirkens hervor.

(2.) Die Kirche ist »universales Heilssakrament Jesu Christi«. Weil sie von Christus herkommt und zu ihm zurückkehrt, ist Kirche nur in dieser Bezogenheit auf Christus Zeichen für Christus wie Instrument seiner vergegenwärtigenden Selbstmitteilung in der Welt. Als Geheimnis ist die Kirche gleichsam wirksames Zeichen der Nähe Gottes in Jesus Christus durch das Wirken des Heiligen Geistes. In diesem Sinne ist die Kirche als »Grundsakrament« zu verstehen.

(3.) Die Kirche ist als das von Christus gestiftete »Sakrament« Ort des ganzen sakramentalen Lebens der Gläubigen. In dieser Weise verweist die Kirche auf den Vollzug der Sakramente wie diese selbst innerhalb der Kirche zur Verwirklichung gelangen und nicht ohne sie. So bildet die Kirche

---

[20] So die Ausführungen von M. BÖHNKE, Die komplexe Wirklichkeit der Kirche als pneumatologisches Problem, in: Cath(M) 61 (2007), 264–278.

selbst in und mit den Sakramenten eine lebendige sakramentale Wirklichkeit.[21]

b) Sakramentale Grundgestalt der Kirche

Ist die Kirche im Sinne des sakramentalen Verständnisses eine komplexe Wirklichkeit, kann von ihr nunmehr auf der Ebene der Sichtbarkeit ausgesagt werden: »Diese Kirche, in dieser Welt als Gesellschaft verfasst und geordnet, ist verwirklicht (subsistit) in der katholischen Kirche, die vom Nachfolger Petri und von den Bischöfen in Gemeinschaft mit ihm geleitet wird«. Damit wird eine zweite, entscheidende Aussage gemacht: Es wird eine Verbindung hergestellt zwischen dem Mysterium der Kirche als Ganzes und der konkret existierenden katholischen Kirche. Die Analyse dieser schwierigen Textpassage zeigt vier entscheidende Merkmale dieser konkreten Existenzweise auf, womit die Merkmale der Sichtbarkeit der Kirche benannt werden: (1.) Die eine Kirche Jesu Christi existiert in geschichtlicher Konkretheit; sie findet ihre konkrete Gestalt in der katholischen Kirche. Hier ist sie »strukturell vollständig verwirklicht«[22] – integral wie UR 22 sagt. (2.) Die katholische Kirche ist nicht schlechthin – ununterscheidbar – identisch mit der einen Kirche Christi, sie existiert in einer grundlegenden, wesensmäßigen, substanziellen Übereinstimmung mit ihr. Das Sein der Kirche Jesu Christi ist, um ein Wort von Joseph Ratzinger/Benedikt XVI. aufzugreifen, freilich immer

---

[21] Vgl. W. KASPER, Die Kirche als universales Sakrament des Heils, in: DERS., Theologie und Kirche, Mainz 1987, 245–251. Neuerdings: W. KASPER, Katholische Kirche. Wesen – Wirklichkeit – Sendung, Freiburg i. Br. 2011.
[22] M. KEHL, Die Kirche und die Kirchen (Anm. 19), 124.

größer als die konkrete Existenz der katholischen Kirche.[23]
(3.) Die eine Kirche Christi ist wahrhaft anwesend in den Ortsgemeinschaften der Gläubigen, die in Verbundenheit mit ihren Bischöfen selbst Kirchen heißen (LG 26). Die vom Nachfolger Petri und den Bischöfen in Gemeinschaft geleitete Kirche existiert konkret also »in und aus den Teilkirchen« (LG 23). Die eine Kirche realisiert sich in den verschiedenen von Bischöfen geleiteten Kirchen, die untereinander eine einträchtige Vielfalt von Ortskirchen darstellen. Das »subsistit« begründet insofern die Gemeinschaft der vielen Teil-Kirchen im Sinne einer Communio von Orts-Kirchen. (4.) Das »subsistit« begründet explizit die nachfolgende Aussage über die ekklesialen Elemente, die auch außerhalb der katholischen Kirche aufzufinden sind. In dieser Sicht stellt das »subsistit« eine ekklesiologische »Öffnungsklausel« (*Lothar Ullrich*)[24] dar.

Die hier erkennbare – terminologisch gesprochen – relationale Analogie im Kirchenverständnis lässt Raum, um das Kirche-Sein der von Rom getrennten Kirchen und kirchlichen Gemeinschaften zu erfassen und zu bewerten. Damit hat »Lumen Gentium« in den komplexen Aufbau des Textes eine Zielaussage platziert, auf den der ganze Text hinausläuft: Auch außerhalb der katholischen Kirche kann – begründet durch die ekklesialen Elemente – von der »Gegenwart des Ekklesialen«[25] gesprochen werden; auch außerhalb der katholischen

---

[23] So J. KARDINAL RATZINGER in einem Artikel der Frankfurter Allgemeinen Zeitung: 221 (Freitag, 22. September 2000), 51.

[24] Den Begriff der Öffnungsklausel habe ich von dem früheren Erfurter Dogmatiker Lothar Ullrich übernommen, der ihn immer wieder mündlich in Vorträgen und Diskussionen verwendete.

[25] Notifikation der Kongregation für die Glaubenslehre zu dem Buch Kir-

Kirche gibt es »Kirchenwirklichkeit«, es besteht außerhalb kein »kirchliches Vakuum«[26]. Im »subsistit« liegt somit das ganze ökumenische Problem verborgen. [27] So verstanden, markiert diese so bestimmte Ekklesiologie die bleibende Aufgabe der katholischen Kirche, trotz aller konfessioneller Ungleichartigkeit und bestehender dogmatischer Differenzen ihr Verhältnis zu nichtkatholischen Kirchen und kirchlichen Gemeinschaften auf dem Weg des ökumenischen Dialoges zu klären. Eine einfache »Rückkehr-Ökumene«, also eine vollständige Inte-

---

che: Charisma und Macht. Versuch einer militanten Ekklesiologie von PATER LEONARDO BOFF OFM vom 11. März 1985, 6 (VApS 67).

[26] Enzyklika Ut Unum Sint von PAPST JOHANNES PAUL II. über den Einsatz für die Ökumene. 22. Mai 1995, Nr. 13 (VApS 121).

[27] Begriffsgeschichtlich betrachtet, gelangt das lateinische »Subsistere« infolge des christologischen und trinitätstheologischen Konflikts im 5. Jahrhundert zu philosophischer und theologischer Bedeutung. Das Verb »subsistere« meint »anhalten, stehenbleiben, unter etwas stellen«. Im Mittelalter bildet sich als grundlegende Bedeutung das Charakteristikum heraus: als Subjekt existieren. Subsistenz zeigt das selbständige Sein des konkreten Subjektes an. Nach Thomas von Aquin bezeichnet Subsistenz den Akt, mit dem Wesen oder Natur seine Existenz erhält. K. Rahner stützt sich schließlich in seiner Neuformulierung der kirchlichen Trinitätslehre auf den Begriff der Subsistenz und bringt mit ihm die Existenzweise des einen göttlichen Wesens in drei distinkten Subsistenzweisen zum Ausdruck. Der Ausdruck »Subsistenz« will somit keine Multiplikation des Wesens Gottes nahe legen, aber die konkrete Existenz des einen Gottes als Vater, Sohn und Heiliger Geist aussagen. Das »subsistit« will deshalb, ekklesiologisch betrachtet, auch keine Multiplikation der Kirche, sondern ein dynamisches Beziehungsgefüge zwischen der Einheit der Kirche und der Existenz ekklesialer Elemente zum Ausdruck bringen. Das deutsche Wort »verwirklichen«, welches das lateinische »subsistit« nur unvollkommen wiedergibt, weist auf diese dynamische Komponente hin. »Subsistenz« und »Elemente« stehen in einer dynamischen Beziehung zueinander. Vgl. Notifikation der Glaubenskongregation (Anm. 25), 6.

gration in den Corpus der katholischen Kirche, hat das Konzil mit dieser Grundsatzentscheidung implizit verworfen, gleichzeitig aber den ökumenischen Dialog verpflichtet, die Frage nach der Sichtbarkeit der Kirche nicht aufzugeben, sondern zum Angelpunkt einer Lösung zu machen.

c) Sakramentale Gestaltungen in Glaube, Taufe, Eucharistie und Dienstamt

In unmittelbaren Zusammenhang mit der Lehr-Formel über das »subsistit« steht die Rede von den Elementen der Heiligung und der Wahrheit. Dieser Zusammenhang ist nicht zufällig, sondern entspricht der Überzeugung des Konzils. Aus dem Text-Kontext heraus verstanden, setzt die »subsistit-Formel« die Rede von den Elementen geradezu frei. Freilich muss zugestanden werden, dass die Rede von den Elementen und Gütern nicht leicht zu verstehen ist. Sie taucht in den Dokumenten des Konzils gerademal an zwei Stellen auf: in »Lumen Gentium« Nr. 8 und in »Unitatis Redintegratio« Nr. 3. Zunächst ist festzuhalten, dass das Konzil bemüht war, mit Hilfe einer Hilfsvorstellung, die der damaligen Zeit zur Verfügung stand, eine Brücke zu den von der katholischen Kirchen getrennten Kirchen und kirchlichen Gemeinschaften zu bauen. Hierbei war wichtig, einerseits der Not der Trennung zu entsprechen, andererseits keine neue Ekklesiologie vorzulegen, die dem Konzil den Vorwurf eingebracht hätte, um der Ökumene willen einen Bruch der Tradition hinzunehmen. So war es folgerichtig, durch Differenzierung der ekklesiologischen Terminologie einen Weg zur Verständigung zu ebnen. Das Ökumenismusdekret geht hier nunmehr einen Schritt weiter und verortet die Rede von den Elementen und Gütern in einem spezifischen ökumenischen Kontext und nimmt dabei selbst eine über die Kirchenkonstitution hinausgehende Präzisierung vor.

(1) Zu den Elementen oder Gütern, aus denen insgesamt die Kirche erbaut wird, die auch außerhalb der katholischen Kirche existieren können, zählt das Ökumenismusdekret vor allen Dingen die Taufe. Zu den Elementen ist grundsätzlich all dieses hinzuzuzählen, das von Christus ausgeht und zu ihm zurückführt. Gemeint sind die der Kirche von Christus anvertrauten Heilsgüter. (2) Von ihnen kann gesagt werden, dass sie auch in den getrennten Kirchen und Gemeinschaften vorhanden sind, denn es ist der Heilige Geist, der sie, so muss man folgern, dadurch als Mittel des Heils gebraucht. Wenn auch die Fülle der Heilsmittel nur der katholischen Kirche anvertraut ist, spricht nichts dagegen, sie auch in den getrennten Gemeinschaften aufzufinden. (3) Die Taufe ist auf das vollständige Bekenntnis des Glaubens und letztlich auf die volle Gemeinschaft der Kirche, die sich in der Eucharistiegemeinschaft ausdrückt, hin geordnet. Durch das Fehlen des Weihesakramentes[28] ist zwar die ursprüngliche Wirklichkeit des eucharistischen Mysteriums nicht bewahrt, dennoch aber ist die Gemeinschaft mit Christus auch hier vorhanden, da durch das Abendmahl in den getrennten Gemeinschaften die lebendige Gemeinschaft mit Christus bezeichnet wird, wenn auch nicht voll bewirkt wird.

---

[28] Hier wird die Sacramenti-Ordinis-defectus-Formel als Mangel übersetzt, nicht als totales Fehlen; siehe hierzu P. WALTER, *Sacramenti Ordinis defectus* (UR 22,3). Die Aussage des II. Vaticanums im Licht des ökumenischen Dialogs. Zum Ergebnis der Studie von Pierluigi Cipriani, in: D. SATTLER/ G. WENZ (Hg.) Das kirchliche Amt in apostolischer Nachfolge III. Verständigungen und Differenzen Freiburg i. Br./Göttingen 2008, 86–101 (DiKi 14).

(2) Es besteht heute sowohl in der theologischen Forschung wie in der lehramtlichen Rezeption weithin Übereinstimmung darüber, dass mit der Entscheidung des Zweiten Vatikanischen Konzils über das »subsistit« auch über den ekklesialen Status nichtkatholischer Kirchen und kirchlicher Gemeinschaften mitentschieden wurde. Dahinter steht die ökumenische Problematik, wie sie im Umfeld der Gründung des Ökumenischen Rates der Kirchen in Amsterdam 1948 empfunden wurde. Der damalige Generalsekretär des ÖRK, *Willem Visser't Hooft*, hatte im Vorfeld der Gründung einen Text entworfen, mit dem er auf die Frage antworten wollte, wie sich die Mitgliedskirchen des ÖRK, die untereinander keine Abendmahlsgemeinschaft praktizieren und keine Kirchengemeinschaft unterhalten, gegenseitig anerkennen können. Der Generalsekretär griff hierbei, wie er selbst bekannte, auf ein im Luthertum bekanntes Diktum von den vestigia ecclesiae zurück, das er zum Ausgangspunkt einer ökumenischen Lagebeschreibung machte. Er diskutierte diese Fragestellung mit katholischen Theologen wie *Y. Congar, J. Daniélou, J. C. Dumont*. 1950 nahm der Zentralausschuss des ÖRK in Toronto eine Erklärung unter dem Titel »Die Kirche, die Kirchen und der Ökumenische Rat der Kirchen«[29] entgegen. In der sog. Toronto-Erklärung wird die gegenseitige Anerkennung der Mitgliedskirchen mit der Existenz der Elemente der wahren Kirche verbunden, die in manchen Traditionen vestigia ecclesiae genannt werden. Die katholischen Theologen lancierten

---

[29] Die Kirche, die Kirchen und der Ökumenische Rat der Kirchen. Die ekklesiologische Bedeutung des Ökumenischen Rates der Kirchen, in: Die Einheit der Kirche. Material der ökumenischen Bewegung. Im Auftrag des Referates für Glauben und Kirchenverfassung hg. von L. VISCHER, München 1965, 251–261.

Anfang der Fünfziger Jahre im Umfeld des Pariser Instituts Istina einen Fragebogen, auf den Y. Congar ausführlich einging. Darin begründete er die Redeweise von den vestigia ecclesiae ausführlich und kam zu dem Schluss, dass trotz der bestehenden Trennungen und Spaltungen in der Christenheit die Tatsache ins Auge gefasst werden müsse, dass der Begriff der Kirche auf andere, von der katholischen Kirche getrennten Kirchen angewandt werden könne. Ausdrücklich verwies Y. Congar auf die Taufe. Von hier aus zog sich dann eine lange Debatte unter katholischen Theologen bis hinauf vor die Tore des Zweiten Vatikanischen Konzils.[30] Die Rede von den Elementen der Heiligung und der Wahrheit taucht schließlich explizit erstmals im von der deutschsprachigen Bischofkonferenz vorgelegten Entwurf zu Lumen gentium auf. Danach wird die Rede von den Elementen in LG 8 und in UR 3 implementiert. Insoweit kann man hier die Aufnahme eines außerhalb der katholischen Kirche entstandenen ökumenischen Themas sehen, in Wahrheit hatten katholische Theologen an deren Entstehung von Anfang an einen erheblichen Anteil.

(3) Gibt es Sakramente außerhalb der katholischen Kirche? Diese Frage muss mit einem klaren Ja beantwortet werden. Mindestens im Blick auf die orthodoxen Kirchen hat das Zweite Vatikanische Konzil diese positive Antwort implizit ermöglicht. Wenn es trotz der Trennungen, wie es in UR 15

---

[30] Vgl. dazu W. THÖNISSEN, Vestigia aut elementa Ecclesiae? Zur ökumenischen Rezeption eines kontroverstheologisch umstrittenen ekklesiologischen Lehrstücks, in: Theologie aus dem Geist des Humanismus. Festschrift für Peter Walter, hg. von H.A-M. MOONEY/K. RUHSTORFER/ V. TENGE-WOLF, Freiburg i. Br. 2010, 395-414.

heißt, wahre Sakramente gibt, dann ist die Wahrheit der Sakramente nicht abhängig von der vollen Zustimmung der Orthodoxen zum Papstamt, sondern »in der Kraft der apostolischen Tradition«. Das schließt zwar die Zustimmung zum Papstamt ein, aber in der Qualifizierung dieser Zustimmung sind Stufungen möglich. Das wird noch verstärkt durch die vom Ökumenismusdekret angestrebte Erkenntnis, dass die auch außerhalb der katholischen Kirche gespendete Taufe das Band der Einheit unter allen Getauften darstellt, dabei aber die Kirchen und Gemeinschaften außerhalb mit in den Blick kommen, in denen getauft wird. Es ist für das Dekret vollkommen klar, dass die außerhalb der katholischen Kirche gespendete Taufe auch ein Band der Verwandtschaft mit den Kirchen und Gemeinschaften einschließt, in denen getauft wird. Noch einmal präziser gefragt: Gibt es wahre Sakramente außerhalb der Kirche ohne Bezug zur katholischen Kirche? Diese Frage muss klar verneint werden. Es gibt keine »wahren« Sakramente ohne Bezug zu der in der apostolischen Tradition stehenden Kirche.

(4) Übertragen auf die ökumenischen Verhältnisse im lateinischen Westen, muss dann festgestellt werden können, dass die außerhalb gespendete Taufe an Nichtkatholiken nicht in einem ekklesialen Vakuum, sondern in ihren »eigenen« Kirchen und Gemeinschaften vollzogen wird. Das müsste dann mutatis mutandis auch für die anderen Sakramente und auch das kirchliche Amt gelten. Zwar ist damit keine volle gegenseitige Anerkennung der Ämter verbunden, aber die Ämter außerhalb der Kirche kommen in den Blick der katholischen Kirche. Darauf weist noch einmal die Aussage vom Fehlen des Weihesakramentes hin. Ist hier ein volles Fehlen gemeint oder ein Mangel in der Grundgestalt? Die neuere innerkatholische Diskussion weist auf die zweite Antwort hin. Einen Mangel

zu beheben, dürfte leichter fallen als das Fehlen eines grundlegenden Strukturelementes auszugleichen.[31]

d) Grade von Kirchengemeinschaft oder vollständige Eingliederung in die katholische Kirche?

Ehrlicherweise muss heute festgestellt werden, dass die Rede von Elementen und Gütern außerhalb der Kirche eher als Hilfsvorstellung damaliger Zeit denn als präzise theologische Terminologie verstanden werden muss. Man wird deshalb heute eher von Elementen oder Gütern, von sakramentalen Strukturelementen[32] oder besser noch von sakramentalen Gestaltungen zu sprechen haben, die Ausdruck des sakramentalen Grundes der Kirche sind und ihrer Grundgestalt entsprechen. Somit stehen Grund, Grund-Gestalt und Gestaltungen in einem engen Verhältnis zueinander und beschreiben einen grundlegenden normativen Zusammenhang, der nach der Lehre des Zweiten Vatikanischen Konzils – um im Bild zu sprechen – sich wie konzentrische Kreise um den auslösenden Faktor der Bewegung legt und mit diesem in einem kausalen Verhältnis steht. Man kann auch von einem »organischen Zusammenhang«[33] reden. Die von Christus ausgehende Ordnung ist von seiner Person nicht zu trennen, auch wenn sie mit ihm nicht in einer ununterscheidbaren Beziehung steht. Das Konzil wollte beides sagen: Der sakramentale Bezug zu

---

[31] Vgl. Anm. 28.
[32] So schon M. KEHL, Anm. 19.
[33] Vom Konflikt zur Gemeinschaft. Gemeinsames lutherisch-katholisches Reformationsgedenken im Jahr 2017. Bericht der Lutherisch/Römisch-Katholischen Kommission für die Einheit, Leipzig-Paderborn 2013, 56, Nr. 129.

Christus drückt sich in der sakramentalen Grund-Gestalt der Kirche aus, sie hat sakramentalen Charakter, ohne selbst Sakrament zu sein. Sie ist in Christus Sakrament, und zwar nur in Christus, nicht außerhalb. Die trinitarisch dem Wirken des Heiligen Geistes zugeordnete Gestalt der Kirche macht damit deutlich, dass die Kirche selbst keine inkarnatorische Ausgestaltung und auch kein Sakrament im eigentlichen Sinne ist, sondern eine von Christus ausgehende, aber mit ihm eine nicht-identische Gestalt besitzt. Dem Konzil war daran gelegen, die mit *Johann Adam Möhler* in Verbindung gebrachte These von der Kirche als fortdauernder Gestalt Christi zu unterscheiden. Das hätte die Kirche zur unantastbaren Institution erhoben.[34] Die innerkatholische Argumentation lässt nun darauf schließen, dass das Konzil den ekklesialen Status der getrennten Kirchen und Gemeinschaften – zumindest graduell – implizit anerkennt. Entscheidend daran ist die Überzeugung, dass die der Kirche anvertrauten Heilsgüter selbst ekklesiale Dignität besitzen und diese so auch die getrennten Kirchen und Gemeinschaften qualifizieren. Sonst wäre die Aussage nicht zu verstehen, in der es heißt: der Geist Christi würdigt sie als »Mittel des Heiles, deren Wirksamkeit sich von der der katholischen Kirche anvertrauten Fülle der Gnade und Wahrheit herleitet«. Schließlich muss anerkannt werden, dass die katholische Kirche die ihr anvertrauten Güter des Heils nicht in jedem Falle voll ausprägen kann, gerade weil es Spaltungen in der Christenheit gibt.[35] Diese Aussage kann nur so verstanden werden, dass sie alles in ihrer Macht stehende leistet, um die Spaltung zu überwinden, ansonsten

---

[34] Zu dieser Diskussion W. KASPER, Anm. 21.
[35] UR 4.

wäre Christus selbst gespalten. Genau diese Aussage wollte das Konzil jedoch nicht machen, deshalb erfolgten die Unterscheidung und die damit zusammenhängende Verpflichtung, alles dafür zu tun, die Spaltungen in der Christenheit zu überwinden. Außerdem muss anerkannt werden, dass Katholiken die wahrhaft christlichen Güter aus dem gemeinsamen christlichen Erbe hochschätzen und anerkennen. Das alles lässt darauf schließen, dass es der Christenheit insgesamt aufgetragen ist, die ihr von Christus anvertrauten Güter des Heils gemeinsam zu bewahren. Ob und wie dies zu einer gegenseitigen Anerkennung der Kirchen als Kirche Jesu Christi führen kann, muss der Dialog klären.

Gibt es Güter der Heiligung und der Wahrheit ohne den Bezug zur Kirche Jesu Christi? Und wenn nur in Bezug zur Kirche Jesu Christi, dann zu welcher Kirche konkret? Hier ist auf einen Einwand einzugehen, den die Glaubenskongregation zur Geltung gebracht hat. Die Glaubenskongregation hat unterschieden zwischen der Fülle, die in der katholischen Kirche verwirklicht ist, und den Elementen, also nur Elemente außerhalb, um so deutlich zu machen, dass die Fülle in der katholischen Kirche verwirklicht ist.[36] Das hat zur Folge, dass es auch für die getrennten Kirchen nur den Zugang zur Fülle der Heilsmittel über die katholische Kirche geben könne. Das aber würde bedeuten, dass der Zugang zu den Mitteln des Heils nur durch eine Reintegration in die katholische Kirche vollzogen werden kann. Grundsätzlich muss man dazu sagen, dass die Fülle des Heils der Kirche anvertraut ist. Aber die Kirche besitzt diese nicht so, als wären sie ihr Eigentum. Deshalb gilt: auch

---

[36] Kongregation für die Glaubenslehre, Antworten auf Fragen zu einigen Aspekten bezüglich der Lehre über die Kirche, 51 f. (VApS 148).

in den kirchlichen Gemeinschaften und Kirchen, die nicht in voller Gemeinschaft mit der katholischen Kirche stehen, ist die Kirche Jesu Christi »kraft der in ihnen vorhandenen Elemente der Heiligung und der Wahrheit die Kirche Jesu Christi gegenwärtig und wirksam«. Das Wort »subsistit« will die Glaubenskongregation dagegen ganz auf die katholische Kirche beziehen, da dieses sich auf die Einheit der Kirche bezieht. Insofern kann man also nicht davon sprechen, dass Elemente der Heiligung und der Wahrheit in den Kirchen und kirchlichen Gemeinschaften subsistieren, aber dennoch »gegenwärtig und wirksam« sein können. Das aber heißt: Gegenwart und Wirksamkeit der Elemente in den Kirchen hängen ab vom Grad ihrer sakramentalen Wirklichkeit in den Kirchen.

Diese aus einer detailgetreuen Interpretation von Schlüsseltexten des Zweiten Vatikanischen Konzils entwickelten ekklesiologischen Grundannahmen sind so zu deuten, dass sie Kriterien für die Anerkennung des Kirche-Seins außerhalb der katholischen Kirche enthalten. Die Anerkenntnis des Kirche-Seins ist nicht Ausdruck einer römisch-katholischen Großzügigkeit, sondern sie folgt der vom Zweiten Vatikanischen Konzil grundgelegten Logik der ökumenischen Gradualität. Auf diese theologische Grundfigur hat in Verbindung mit Papst Johannes Paul II. Papst Franziskus in einem sachlich völlig anderen Zusammenhang hingewiesen.[37] Wendet man freilich diese Grundfigur auf das ökumenische Feld an, hat dies zur Folge, dass die katholische Kirche ihre Beziehung zu den von ihr getrennten Kirchen und Gemeinschaften als Gemeinschafts- oder Verwandtschaftsverhältnisse mit unter-

---

[37] Nachsynodales Apostolisches Schreiben Amoris Laetitia des Heiligen Vaters PAPST FRANZISKUS, 208, Nr. 295 (VApS 204).

schiedlichen Intensitätsgraden beschreiben kann. In diesem Sinne kann die vom Konzil vorgenommene Wertung durchaus noch Bestand haben, wie sie im Ökumenismusdekret vorgenommen wurde. Denn das Konzil spricht von voller und nicht vollkommener Gemeinschaft (communio plena et non plena). Dieser Gedanke impliziert die Erkenntnis, dass in der Beschreibung der ekklesialen Gemeinschaftsverhältnisse Stufungen – also die Unterscheidung von Intensitätsgraden – vorgenommen werden können. Klar ist aber, dass ein Gemeinschaftsverhältnis besteht, sonst könnte logischerweise nicht von unterschiedlichen Graden gesprochen werden. Würde diese Präzisierung nicht vorgenommen, könnte nur ein Gemeinschaftsverhältnis ununterscheidbarer Weise bestehen oder eben nicht. Deshalb ist es konsequent, von einem Gesetz der Gradualität zu sprechen. Ich möchte daher hier den Vorschlag unterbreiten, von einer ökumenischen Gradualität zu sprechen. Kein Zweifel besteht dann darüber, dass das Verhältnis zu den orthodoxen Kirchen anders beschrieben werden kann und muss als zu den aus der Reformation hervorgegangenen Kirchen. Das bedeutet aber nicht, dass es mehrere, untereinander nicht-kompatible Kriterien zur Bewertung der Anerkennung des Kirchseins gibt. Nur die Beantwortung der der Anerkennung zugrundeliegenden Frage wird unterschiedlich ausfallen, je nach dem Grad der Verwirklichung der sakramentalen Grundgestalt der Kirche.

Wenn in diesem Zusammenhang schließlich von dem zu beschreibenden Verhältnis der katholischen Kirche zu den von ihr getrennten Kirchen und kirchlichen Gemeinschaften zu reden sein wird, müssen die Fragen diskutiert werden, die dieses Verhältnis terminologisch benennen, und zweitens, welchen Grad von Sichtbarkeit dieser Gemeinschaftsstruktur zukommen muss. Sichtbare Struktur im Gemeinschaftsverhältnis schließt Fragen ein, die zu klären sind: die ortskirchliche Struktur unter den Bischöfen, die apostolische Tradition und Sukzession, die Stellung des Papstamtes innerhalb der Kirche, schließlich die Frauenordination. Wieweit reicht hier der im Dialog erzielte Konsens in diesen Fragen? Damit steht auch die Beantwortung der Frage an, ob und wie Kirchengemeinschaft unter bisher noch getrennten Kirchen möglich ist.

4. Kirchengemeinschaft als Eucharistiegemeinschaft

Das Modell einer graduellen Kirchengemeinschaft, wie es hier dargelegt wurde, hat auch Auswirkungen auf die essentielle Frage, ob und inwieweit Fortschritte in der ökumenischen Verständigung zu einer Öffnung in der Frage der Eucharistiegemeinschaft führen können. Hier ist zunächst einmal prinzipiell festzuhalten[38]: Eucharistiegemeinschaft ist nach katholischem Verständnis Kirchengemeinschaft und umgekehrt. Dazu ist folgende grundsätzliche Erklärung im Sinne des Zweiten Vatikanischen Konzils nötig: In der Feier der Eucharistie geht es um die Wirklichkeit des eucharistischen Mysteriums, um die Gegenwart Jesu Christi und seines Opfers in der Kirche und in der Feier der Kirche. In der Eucharistie empfangen die Gläubigen auf geheimnisvolle Weise Christus selbst. Weil sie an Christus teilhaben, stehen sie auch in einer engen Gemeinschaft untereinander. Die Gemeinschaft mit Christus und die Gemeinschaft der Gläubigen untereinander

---

[38] Vgl. hierzu die Enzyklika Ecclesia de Eucharistia von PAPST JOHANNES PAUL II. 17. April 2003, 32–42, Nr. 34–46 (VApS 159).

tragen und bedingen sich gegenseitig. Die katholische Kirche hält deshalb an der Überzeugung fest: Wer an der Eucharistie teilhat, muss den Glauben der Kirche an das Sakrament teilen. Das schließt den Glauben daran ein, dass zur Leitung der Feier der Eucharistie die sakramentale Weihevollmacht hinzugehört. Wo dieser Glaube fehlt oder aber beschädigt ist, ist eine volle Gemeinschaft nicht gegeben. Deshalb bleibt der Zugang zur Eucharistie denen vorbehalten, die diesen Glauben teilen. Freilich wird niemand prinzipiell ausgeschlossen. Wer glaubt und die Taufe empfangen hat, steht dadurch in einer gewissen, wenn auch nicht vollen Gemeinschaft zur katholischen Kirche. Hier ergeben sich Möglichkeiten der Zulassung nichtkatholischer Christen zur katholischen Eucharistiefeier.

Das Zweite Vatikanische Konzil und die nachkonziliaren Regelungen, etwa durch das »Direktorium zur Ausführung der Prinzipien und Normen über den Ökumenismus« (1967/²1993), haben dazu beigetragen, dass die ursprüngliche Grundhaltung eines Verbots der Teilhabe an der Eucharistie für Nichtkatholiken auf eine neue Basis gestellt wurde. Die neue und gegenüber der Tradition differenzierte ekklesiologische Sicht des Konzils erlaubt die ökumenische Praxis einer für einzelne Gläubige geltenden Regelung, freilich in bestimmten Abstufungen und in Bezug zur ekklesialen Anerkennung der Kirche oder kirchlichen Gemeinschaft, der die jeweils einzelnen von der katholischen Kirche getrennten Christen angehören. Die konziliare Ekklesiologie stellt gegenüber der bis dahin geltenden Regelung deshalb einen enormen Fortschritt im Bemühen um die praktische und seelsorgerliche Bewältigung der bestehenden Trennungen unter der Christenheit dar. Das Ökumenische Direktorium von 1993 spricht nicht nur von Gewährung des Zutritts, sondern auch von einer Empfehlung. Hier ist freilich das Kirchenrecht bei der Normierung gefragt. Dieses sieht ausdrücklich vor, dass der Diözesanbischof bzw. die Bischofskonferenz allgemeine Bestimmungen erlassen können.[39] Insbesondere stellt sich die Frage, ob nichtkatholische, in konfessionsverschiedener Ehe lebende Partner nicht dann zur Eucharistie zugelassen werden können, wenn begründeter Weise eine ernste und dringende Notwendigkeit dazu rät. Diese könnte gegeben sein, wenn die prinzipiell verweigerte Teilhabe an der Eucharistie das christliche Glaubens- und Eheleben in schwere Bedrängnis bringen würde.[40] Bischofskonferenzen verschiedener Länder haben die ihnen vom Kirchenrecht zugewiesene Kompetenz für weitere Regelungen bereits in Anspruch genommen. Hier spielt das Votum der Würzburger Synode der deutschen Bistümer von 1975 eine herausragende Rolle.[41] Es plädiert nachdrücklich für das Argument der gravis necessitas spiritualis im Blick auf konfessionsverschiedene Ehen.

---

[39] CIC/1983 can. 844 § 5.

[40] W. THÖNISSEN, Gravis spiritualis necessitas. Die Karriere eines neuscholastischen Gnadenmotivs in der Ökumene, in: THOMAS SÖDING/ WOLFGANG THÖNISSEN (Hg.), Eucharistie – Kirche – Ökumene. Aspekte und Hintergründe des Kommunionstreits, Freiburg i. Br. 2019, 313-332 (Quaestiones Disputatae 298).

[41] Gemeint ist ein spezifisches Votum für die Teilhabe an der Eucharistie von Nichtkatholiken wie umgekehrt von Katholiken am Abendmahl im Beschluss »Gottesdienst«: Gemeinsame Synode der Bistümer in der Bundesrepublik Deutschland. Beschlüsse der Vollversammlung. Offizielle Gesamtausgabe I, Freiburg i. Br. 1976, 213-216. Vgl. hierzu insbesondere: W. Thönissen, Vom Ökumenismusdekret des Zweiten Vatikanischen Konzils 1964 über den Ökumene-Beschluss der Würzburger Synode von 1975 zur Orientierungshilfe deutscher Bischöfe 2018. Zur Kommuniongemeinschaft innerhalb konfessionsverschiedener Ehen, in: H. HASLINGER (Hg.), Wege der Kirche in die Zukunft der Menschen. 50 Jahre nach Beginn der Würzburger Synode, Freiburg i. Br. 2021, 209-228 (Kirche in Zeiten der Veränderung 9).

Hier zeigt sich die Bereitschaft der katholischen Kirche, mindestens in einem Einzelfall, nach dem Wegfall des prinzipiellen Verbots der Gottesdienstgemeinschaft mit Christen anderer Kirchen diese Praxis neu zu regeln. Gegenüber der orthodoxen und orientalischen Christenheit verfährt die katholische Kirche dabei wesentlich offener, obwohl gerade diese Kirchen ihren eigenen Gläubigen die Teilnahme an den Sakramenten der Eucharistie, der Buße und der Krankensalbung nicht erlauben – mit einer Ausnahme: der syrisch-orthodoxen Kirche von Antiochien[42], anders als gegenüber den westlichen Kirchen und kirchlichen Gemeinschaften. Aber auch hier gilt die Maxime: Niemand wird prinzipiell von den genannten Sakramenten ausgeschlossen, wenn auch Einschränkungen schärfer gehandhabt werden. Diese betreffen die Anwendung des Notfalls gravis necessitas spiritualis über die Todesgefahr hinaus. Gerade im Blick auf die konfessionsverbindenden Ehen hat sich vor allem in den katholischen Ortskirchen eine großzügigere Praxis durchgesetzt als in der kirchlichen Gesetzgebung festgeschrieben oder vorgesehen ist, auch wenn das kirchliche Gesetzbuch den Bischöfen oder den Bischofskonferenzen eine normative Gestaltungskraft hierbei zubilligt. Die katholische Kirche macht freilich das Zugeständnis zur wechselseitigen Gottesdienstgemeinschaft von Fortschritten in der ökumenischen Verständigung abhängig. Dennoch ist ebenso klar, dass von den mit dem Zweiten Vatikanischen Konzil eingeführten Prinzipien her ein hohes Potenzial praktischer Regelungen in den Ortskirchen ermöglicht wird. Die katholische Kirche hält allerdings an dem Grundprinzip fest, dass die Hinzutretenden den Glauben an das Sakrament der Eucharistie

---

[42] UR 15.

teilen. Dieses Prinzip gilt allerdings auch im umgekehrten Fall, wenn ein Katholik am evangelischen Abendmahl teilnehmen will. Hier muss er im Gewissen prüfen, ob der für die Teilnahme implizierte Glaube an das Sakrament auch in diesem Fall vorausgesetzt ist. Das ist dann keine geringe Frage an die Bedeutung und Wirkung des ökumenischen Dialogs. Wenn sich auch das Gewissen Einzelner nicht eigenmächtig über bestehende Differenzen im Verständnis der Eucharistie hinwegsetzen kann, bleibt es der innere Ort des Urteils über die Situation in gravis necessitas spiritualis, in der sich die betreffenden Christen jeweils befinden.

Die Bewertung der Frage nach dem Zutritt zur Eucharistie für nichtkatholische Christen ist, das zeigen diese Überlegungen hier, nicht nur eine pastoraltheologische oder seelsorgerlich sensible Frage, sondern eine ekklesiologische. Der Komplex der Frage nach der Gottesdienstgemeinschaft ist in die vom Zweiten Vatikanum erneuerte und approbierte Ekklesiologie eingebunden und von ihr nicht zu lösen. Damit fällt die Klärung der Frage nach der erwünschten Eucharistiegemeinschaft unter den getrennten Christen in den Bereich der Ekklesiologie. Wenn, wie hier erläutert, faktisch bereits ein Stufenmodell von Kirchengemeinschaft in Geltung ist, hat das natürlich Auswirkungen auf die Antwort der gestellten Frage. Maßstab der Bewertung ist der Grad der sakramentalen Verwirklichung von Kirche, wie sie in der programmatischen Skizze des Ökumenismusdekretes[43] – im Blick auf die Orthodoxie – bereits aufscheint. Damit ist die gestellte Frage an den ökumenischen Dialog und seine Ergebnisse verwiesen.

---

[43] UR 22.

5. Chancen und Möglichkeiten einer ökumenischen Verständigung

Die Idee der Kirchengemeinschaft beherrscht schon seit Jahrzehnten die Thematik der ökumenischen Dialoge.[44] Der lutherisch-katholische Dialog auf Weltebene hatte schon in den achtziger Jahren Formen und Phasen lutherisch-katholischer Kirchengemeinschaft auf der Grundlage des Koinonia-Gedankens in den Blick genommen und in den neunziger Jahren das gemeinsame Verständnis der Kirche im Lichte der Rechtfertigungslehre auszuloten gesucht.[45] Auf deutscher Ebene befasste sich das Dokument »Kirchengemeinschaft in Wort und Sakrament« mit der Frage, ob die einstmals zerbrochene Kirchengemeinschaft der Kirche wieder erlangt werden kann.[46] Das im Jahr 2000 veröffentliche Dokument »Communio Sanctorum. Die Kirche als Gemeinschaft der Heiligen« suchte die ekklesiologische Frage erneut in Gang zu bringen. Hier wird nochmals an den Konsens in der Beschreibung des gemeinsamen Zieles erinnert, »in der die Kirchen im Verständnis des Evangeliums übereinstimmen, sich gegenseitig als Kirche Jesu Christi anerkennen, uneingeschränkte Gemeinschaft in den Sakramenten haben und wechselseitig die Anerkennung der

---

[44] Vgl. hierzu G. HINTZEN/W. THÖNISSEN, Kirchengemeinschaft möglich? Einheitsverständnis und Einheitskonzepte in der Diskussion, Paderborn 2001 (Thema Ökumene 1); J. KOSLOWSKI, Die Einheit der Kirche in der ökumenischen Diskussion. Zielvorstellungen kirchlicher Einheit im katholisch-evangelischen Dialog, (Studien zur systematischen Theologie und Ethik 52), Münster 2007.

[45] So die Dokumente *Einheit vor uns* von 1985 und *Kirche und Rechtfertigung* von 1993: DWÜ II, 451–506, und DWÜ III, 317–419.

[46] Paderborn-Hannover 1984.

Ämter, denen Wort und Sakramente anvertraut sind, praktizieren«[47]. Auch der internationale altkatholisch/römisch-katholische Dialog sucht die Idee der Kirchengemeinschaft fruchtbar zu machen.[48] In jüngster Zeit hat eine Konsultationsreihe im Auftrag der Gemeinschaft Evangelischer Kirchen in Europa (GEKE) und des Päpstlichen Rates zur Förderung der Einheit der Christen zur Thematik der Kirchengemeinschaft Stellung bezogen. Der Bericht über Kirche und Kirchengemeinschaft kam zu dem Ergebnis, dass eine evangelisch-katholische Kirchengemeinschaft unter bestimmten, noch zu klärenden Bedingungen und Kriterien möglich erscheint.[49] Trotz dieser durchaus beeindruckenden Folge von Dokumenten zum Thema Kirchengemeinschaft und Kirchenverständnis muss man erkennen, dass viele der hier vorgeschlagenen Wege bis heute nicht über eine ekklesiologische Problemanzeige hinausgekommen sind.

---

[47] Bilaterale Arbeitsgruppe der Deutschen Bischofskonferenz und der Kirchenleitung der Vereinigten Evangelisch-Lutherischen Kirche Deutschlands, Communio Sanctorum. Die Kirche als Gemeinschaft der Heiligen, Paderborn/Frankfurt a. M. 2000, 128. Die evangelischen Stellungnahmen zu diesem Text sind zusammengefasst in: Communio Sanctorum. Evangelische Stellungnahmen zur Studie der Zweiten Bilateralen Arbeitsgruppe der Deutschen Bischofskonferenz und der Kirchenleitung der VELKD, hg. von O. SCHUEGRAF und U. HAHN (Hg.) im Auftrag der Kirchenleitung der VELKD, Hannover 2009.

[48] Kirche und Kirchengemeinschaft. Bericht der Internationalen Römisch-Katholisch – Altkatholischen Dialogkommission, in: DwÜ IV, 19-52.

[49] CH. SCHAD/K.-H. WIESEMANN (Hg.), Bericht über Kirche und Kirchengemeinschaft. Ergebnis einer Konsultationsreihe im Auftrag der Gemeinschaft Evangelischer Kirchen in Europa und des Päpstlichen Rates zur Förderung der Einheit der Christen, Paderborn/Leipzig 2019.

So sehr dieser bilaterale Dialog Kirchengemeinschaft als ökumenische Zielbestimmung ausgemacht hatte, so setzte freilich hier auch die Kritik an. Mehr und mehr wurde zunächst der Verdacht vor allem auf evangelischer Seite geäußert, die katholische Kirche favorisiere nach wie vor ein Konzept der Reintegration kirchlicher Gemeinschaften in römische Strukturen. Eine Bestätigung dieser Strategie sahen evangelische Kritiker in der von der Glaubenskongregation im September 2000 veröffentlichten Erklärung über die Einzigkeit und die Heilsuniversalität Jesu Christi und der Kirche »Dominus Iesus«.[50] Darin hatte die Glaubenskongregation die Überzeugung des Zweiten Vatikanischen Konzils von der in der katholischen Kirche subsistierenden einen und einzigen Kirche Christi dahingehend ausgelegt, dass alle die Kirchen, die nicht in voller Gemeinschaft mit der katholischen Kirche stehen, aber durch enge Bande mit ihr verbunden sind, Teilkirchen sind, wohingegen Gemeinschaften, die den gültigen Episkopat nicht bewahrt haben, nicht Kirchen im eigentlichen Sinn seien. Das im Jahr 2001 vorgelegte Votum des Rates der EKD »Kirchengemeinschaft nach evangelischem Verständnis«[51] machte von Anfang an dagegen deutlich, dass die Erklärung der Glaubenskongregation und das von ihr dargelegte Selbstverständnis der römisch-katholischen Kirche eine Verständigung über die Art von Kirchengemeinschaft, die von evangelischen Kirchen angestrebt werde, letztlich unmöglich mache. Auch die VELKD wehrte in ihrem Papier »Ökumene nach evangelisch-lutherischem Verständnis«[52] aus dem Jahr 2003 die mit

---

[50] VApS 148.
[51] EKD-Texte 69.
[52] VELKD-Texte 123-2004.

»Dominus Iesus« implizit gesetzten ekklesiologischen Ansprüche ab und offerierte als Ziel der Ökumene eine Kirchengemeinschaft auf der Basis der von Gott gewirkten wahren Einigkeit der Kirche. Nach den in den achtziger Jahren erzielten Fortschritten in der gemeinsamen ökumenischen Erkenntnis von Kirchengemeinschaft als Ziel der Ökumene ist offensichtlich in den letzten Jahren von einer solchen Übereinkunft keine Rede mehr. An deren Stelle tritt nach und nach eine konfessions- und bekenntnisspezifische Klärung.

Kurt Kardinal Koch, der Präsident des Päpstlichen Dikasteriums zur Förderung der Einheit der Christen, sieht im Leuenberger Modell dagegen ein protestantisches Pluralismuskonzept verwirklicht, das dem katholischen Verständnis von sichtbarer Einheit entgegensteht. Er ist skeptisch, dass es hier zu einer Verständigung kommen kann.[53] Die mangelnde Klärung des den jeweiligen Modellen zugrundeliegenden Kirchen- und Einheitsverständnisses steht einem gemeinsamen Konzept von Kirchengemeinschaft entgegen. Gerade die für die katholische Seite notwendige Einbeziehung von Verständigungen über Kirche, Eucharistie und Amt macht eine Einigung in Fragen eines evangelisch-katholischen Einheitsmodells schwierig. Auch wenn es im Umfeld der genannten Dialoge zu einer wichtigen Auslotung von Chancen und Möglichkeiten einer evangelisch-katholischen Kirchengemeinschaft gekommen ist, so darf doch nicht übersehen werden, dass die Schwierigkeiten sehr groß sein dürften. Inzwischen drängt die Frage nach vorne, ob die nicht zu leugnenden Schwierigkeiten eher auf eine prinzipielle Unverträglichkeit der vorliegenden Konzepte zurückzuführen ist.

---

[53] Vgl. Anm. 7.

6. Fazit

Die hier herausgearbeiteten Leitvorstellungen und Implikationen eines Grundkonzepts des Zweiten Vatikanischen Konzils, zuletzt noch einmal gespiegelt in den inzwischen vorgelegten Dialogergebnissen, können nicht übersehen lassen, dass es sich hierbei um ein genuin katholisches Konzept handelt. Ich habe es so dargelegt, dass klar wird, dass das Konzil darauf aus war, ökumenisch relevante Einsichten aufzunehmen, wie die Einbindung der Sichtbarkeit der Kirche in ein theologisches Gesamtkonzept wie ebenso eine neue Beschreibung der Gemeinschaftsverhältnisse unter Kirchen und Gemeinschaften, die bisher getrennt waren. Das Zweite Vatikanische Konzil hat damit die – sagen wir es einmal kirchenpolitisch – binäre Sichtweise verlassen, nachdem es entweder Einheit gibt oder keine. Auch der strikte Gegensatz von sichtbarer Einheit und/oder Kirchengemeinschaft trifft die gegenwärtige ökumenische Gemengelage nicht ausreichend genug. Mir scheint die komplexe ökumenische Lage eher mit einer letztlich noch nicht ganz erfassten Verhältnisbestimmung von sichtbarer Einheit einerseits und Kirchengemeinschaft andererseits besser umschrieben zu sein. Das Konzil wollte die bestehende ökumenische Realität einander weiter oder näher stehender Kirche und Gemeinschaften zur damaligen Zeit in den Blick nehmen, um damit einen Weg zu größerer, schließlich vollkommener Gemeinschaft vorzuschlagen. Andererseits wollte das Konzil das protestantische Motiv von der Verborgenheit der Kirche in Verbindung mit einer lehramtlich und dogmatisch variablen sichtbaren Ordnung mit ungeklärten Ämterstrukturen nicht aufnehmen. Wenn die Kirche im Heilswerk Jesu Christi – so will ich das einmal vorsichtig nennen – eine »heilsmittlerische Rolle« hat, verstanden im Sinne einer pneumatologisch eingesetzten Analogie, so übt sie diese aber nicht ohne Christus aus, nämlich nur unter dem Wirken des Heiligen Geistes. Dieser »sakramentalen Grundgestalt« entspricht eine bestimmte ekklesiale Ordnung; diese ist aber nicht – so will ich es einmal salopp sagen – gänzlich in Stein gemeißelt. So verstanden ist dieses hier rekonstruierte Konzept zwar nicht von vornherein kompatibel mit einem Modell der Leuenberger Kirchengemeinschaft, aber eben auch nicht ihr pures Gegenteil. Es gibt gemeinsame Grundannahmen.

Aber auch so ist klar geworden: Bei aller erkennbaren Annäherung in den Konzepten von Kirchengemeinschaft bleibt die Differenz zwischen einem Verbindungsmodell von Kirchen verschiedenen Bekenntnisses, wie es die Leuenberger Kirchengemeinschaft darstellt, und dem eher sakramental verstandenen Konzept von Kirchengemeinschaft mit der Verpflichtung zur institutionellen Ordnung, wie es das finnische lutherisch-katholische Dialogdokument »Wachsende Gemeinschaft« vorschlägt: »Die Grundfrage ist die nach einer konkreten Struktur einer sakramental verstandenen Ekklesiologie«[54] Diese verlangt einen Konsens in Grundwahrheiten des Glaubens; dieser schließt weitergehende Konsense in Fragen der Eucharistie, des Amtes und des Petrusamtes ebenso ein wie einen Konsens im Verständnis »der Kirche als sakramentales Zeichen und Werkzeug der missio Dei in der Welt«[55]

> »Es ist wahrscheinlich, dass der Heilungsprozess hin zur communio ecclesiarum lange dauern wird. Kirchengemeinschaft mit der katho-

---

[54] Wachsende Gemeinschaft. Erklärung über Kirche, Eucharistie und Amt. Bericht der Lutherisch-Katholischen Dialog-Kommission für Finnland, Paderborn/Leipzig 2018, 190 (Nr. 304).
[55] Ebd. 206 (Nr. 356).

lischen Kirche und dem Bischof von Rom würde unter den gegenwärtigen Umständen bedeuten, dass die Kirchen der lutherischen Gemeinschaft weiterhin unterschiedliche liturgische und rechtliche Strukturen haben würden und dass die Mitgliedskirchen den ökumenischen Verpflichtungen, die sie mit anderen Kirchen eingegangen sind, treu bleiben würden, aber auch in Gemeinschaft mit dem Papst als Zeichen der universalen Gemeinschaft der Ortskirchen stünden.«[56]

Hier offenbart sich allerdings eine besondere Herausforderung für den ökumenischen Dialog: Beide hier erwähnten, konfessionell unterschiedlichen Konzepte von Kirchengemeinschaft sind in Gesprächen mit evangelisch-lutherischen Kirchen diskutiert worden; somit handelt es sich nicht um ein evangelisch-katholisches Grundproblem allein, sondern mehr noch um ein innerevangelisches. Innerhalb der lutherischen Gemeinschaft zeichnet sich demnach eine ekklesiale Differenz an, die zu einer Zerreißprobe führen könnte. Das macht die weiteren ökumenischen Verständigungen, wenn sie denn überhaupt noch Sinn machen, nicht leichter.[57] Auch auf evangelischer Seite wächst die Skepsis.[58]

---

[56] Ebd. 209 (Nr. 364).
[57] Das lässt sich auch für das Bischofsamt im lutherisch-katholischen Dialog zeigen: PHIL SCHULZE DIECKHOFF, Das Bischofsamt im Dialog. Lutherisch-katholische Verständigungen, Paderborn 2022 (KKTS 85).
[58] B. OBERDORFER, Und nun zum Kleingedruckten. Operationalisierungsfragen ökumenischer Verständigung, in: Wachsende Zustimmung und offene Fragen. Die Gemeinsame Erklärung zur Rechtfertigungslehre im Licht ihrer Wirkung, hg. v. B. OBERDORFER/TH. SÖDING, Freiburg i. Br. 2019, 345–370 (QD 302); J. WASMUTH, Einheit und/oder Kirchengemeinschaft?, in: Cath (M) 76 (2022), 98–105, die sich mit meinen diesbezüglichen Beiträgen zur Thematik der Kirchengemeinschaft auseinandersetzt.

Maximilian Zimmermann

Kirche Beziehungsfähig?[1]

Kirchengemeinschaft und Verständigung
in Zeiten der Polarisierung aus baptistischer
Perspektive

Könnte »die politische Polarisierung zur Signatur der zwanziger Jahre des 21. Jahrhundert werden«,[2] fragt der renommierte Politikwissenschaftler *Wolfgang Merkel* in einer Online-Veröffentlichung des »Wissenschaftszentrums Berlin für Sozialforschung« im Jahre 2021. Dafür spräche eine »neue, kulturell akzentuierte Konfliktlinie«, die sich in der Folge des »Epochenbruch[es] von 1989« gebildet hat und sich gegenwärtig in zwei »idealtypisch« skizzierte »Gruppen« trennt:[3]

> »Auf dem einen Pol der kulturellen Konfliktlinie befinden sich die mit hohem Human- und Sozialkapital ausgestatteten akademisierten neuen Mittelschichten. Sie leben urban, sind ökonomisch privilegiert,

---

[1] In sprachlicher Anlehnung an den Titel des Buches *Generation Beziehungsunfähig* von MICHAEL NAST. Dieser Beitrag ist die schriftliche Ausarbeitung und Entfaltung eines Gedankens, den der Verfasser auf dem »Studientag 50 Jahre Leuenberger Konkordie. Eintracht – Streit – Gespräch« am 24. November 2023 in Göttingen auf der Abschlusspodiumsdiskussion geäußert hat.

[2] WOLFGANG MERKEL, Polarisierung als gesellschaftliche Signatur, URL: https://www.wzb.eu/de/publikationen/wzb-mitteilungen/polarisierung-und-gesellschaft/polarisierung/polarisierung-als-gesellschaftliche-signatur (Stand: 20.03.2024).

[3] Ebd.

folgen einem kosmopolitischen Weltbild. [...] Am anderen Pol der Konfliktachse sammeln sich die Kommunitaristen. Sie verfügen über einen geringeren formalen Bildungsgrad, befürworten einen starken Nationalstaat, von dem sie strikte Migrationskontrolle, sozialen Schutz und finanzielle Förderung erwarten.«[4]

Merkel weist darauf hin, dass die trennenden Gräben tief sind und dass »*wechselseitige Sprachlosigkeit, Verachtung oder gar Feindschaft* [...] ihre Lager« befestigen.[5] Wesentliche Zutaten für diese spannungsreiche Lage erkennt er in einem »Moralisierungsüberschuss« auf Seiten der »linksliberalen Kosmopoliten« und in einem »Überschuss von Nationalismus und Traditionalismus« auf der gegenüberliegenden Seite.[6] Als Treiber dieser misslichen Lage identifiziert Merkel die »verhärteten kulturellen Diskurse« und den »Verlust von Empathie und Kompromiss«.[7]

Sollte Polarisierung tatsächlich zur »Signatur der zwanziger Jahre des 21. Jahrhunderts« werden, so wäre die Frage nach der Überwindung der Polarisierung, des konstruktiven Umgangs mit ihr, oder mindestens der Verhinderung eines endgültigen Auseinanderreißens möglicherweise die gesellschaftspolitische Aufgabe dieser Tage. In Merkels Beitrag deutet sich an, in welchen Bereichen die Lösungsansätze zu finden wären: »Was ist zu tun, um die beginnende Dynamik bösartiger Polarisierung zu brechen? Wir müssen die Moralisierung von Wissenschaft und Politik beenden und durch eine *Moral der kritischen Selbstreflexion und Verständigung* ersetzen.«[8] Überwin-

---

[4] Ebd.
[5] Ebd. Herv. d. Verf.
[6] Ebd.
[7] Ebd.
[8] Ebd. Herv. d. Verf.

dung der »wechselseitige[n] Sprachlosigkeit« durch eine »Moral der kritischen Selbstreflexion und Verständigung« – das könnte laut Merkel also ein möglicher, heilsamer Ansatzpunkt sein.

Wendet man diese Überlegungen auf den Bereich der kirchlichen Wirklichkeit an, so ist zweierlei festzustellen: Zum einen macht das Phänomen der Polarisierung und die Frage nach dem Umgang mit ihr auch vor den Kirchen nicht halt. Ganz unterschiedliche Gründe führen auch die Kirchen in Deutschland in die Herausforderung und Aufgabe, sich mit Polarisierungstendenzen auseinanderzusetzen, und darin »mit Christus in der Mitte versöhnt und versöhnlich beieinanderzubleiben«.[9] Zum anderen sehen Kirchen ihre Aufgabe darin, nach außen, also in gesellschaftspolitischer Hinsicht einen konstruktiven Beitrag zu dieser Situation zu leisten,[10] aber selbstverständlich auch die Aufgabe, nach innen, also kirchlich und zwischenkirchlich, Einheit und Gemeinschaft immer wieder neu zu erringen.[11]

---

[9] JASMIN JÄGER, Mit Christus in der Mitte. Versöhnt beieinanderbleiben, URL: https://www.befg.de/aktuelles-schwerpunkte/nachrichten/artikel/mit-christus-in-der-mitte/ (Stand: 22.03.2024). Vgl. beispielhaft zu gegenwärtigen Herausforderungen in der Evangelischen und Römisch-katholischen Kirche: Bischof Oster: Synodaler Weg hat Polarisierungen in Kirche verstärkt, URL: https://www.katholisch.de/artikel/46891-bischof-oster-synodaler-weg-hat-polarisierungen-in-kirche-verstaerkt und: Lutheraner-Generalsekretärin warnt vor Polarisierung in der Kirche, URL: https://www.evangelische-zeitung.de/lutheraner-generalsekretaerin-warnt-vor-polarisierung-in-der-kirche (Stand: 22.03.2024).

[10] Was auf Seiten der Evangelischen Kirche z. B. in dem 2021 veröffentlichten Grundlagentext der EKD unter dem Titel »Vielfalt und Gemeinsinn. Der Beitrag der evangelischen Kirche zu Freiheit und gesellschaftlichem Zusammenhalt« zum Ausdruck kommt.

[11] Vgl. hier das jüngst veröffentlichte »Abschlussdokument zu dem Lehrgespräch zwischen der Vereinigten Evangelisch-Lutherischen Kirche

Ein wesentlicher innerevangelischer Ausdruck dieses Strebens nach und auch Erreichens von Kirchengemeinschaft feierte im Jahr 2023 sein 50. Jubiläum: die Leuenberger Konkordie. Auf der zu diesem Anlass stattfindenden und von der VELKD verantworteten Fachtagung in Göttingen im November 2023 wurden Fragen der Hermeneutik, des Kontextes und der Weiterentwicklung sowie bleibend Anstößiges der Leuenberger Konkordie bedacht und abschließend im Podium diskutiert. Mit dem vorliegenden Beitrag möchte ich einen Teil meines Gedankenbeitrags zur Leuenberger Konkordie aus baptistischer Perspektive entfalten und vertiefen. Denn in Zeiten gesellschaftlicher sowie kirchlicher Polarisierungstendenzen ist das fachwissenschaftliche Bedenken eines Einigungs- und Gemeinschaftserfolges relevant und bedeutsam: Einigungserfolge und Einigungsmodelle haben hier nicht nur (kirchen)geschichtlichen Wert, sondern sie können als zeugnishafte Leuchttürme ausstrahlen: »Verständigung ist möglich!«. Als Vertreter der baptistischen Tradition, welche die Leuenberger Kirchengemeinschaft von außen betrachtet, möchte ich im Folgenden erläutern, warum die Leuenberger Konkordie als Ausdruck von Kirchengemeinschaft das *baptistische Kernanliegen der Verständigung* trifft.[12] Allerdings: Von selbst versteht sich diese These nicht, denn baptistische Theologie ist auf den ersten Blick eher für die Betonung des

---

Deutschlands (VELKD) und dem Bund Evangelisch-Freikirchlicher Gemeinden in Deutschland – Baptisten (BEFG) in den Jahren 2017–2023«, Texte aus der VELKD, Nr. 194 – Dezember 2023. Kirchengemeinschaft auf dem Weg.

[12] Vgl. ergänzend hierzu: MAXIMILIAN ZIMMERMANN, Die Leuenberger Konkordie als ökumenisches Modell? Eine baptistische Sicht, in: MdKI 74 (2023) 3, 166–169.

individuellen Glaubens und der Selbständigkeit der Ortsgemeinde bekannt,[13] und weniger für Gemeinschaft und Verständigung. Diese Feststellung soll zunächst der Ausgangspunkt für die dann folgenden Überlegungen sein:

Das Individuum und die Selbständigkeit der Ortsgemeinde als Schwerpunkte baptistischer Ekklesiologie

Der baptistische Theologe und langjährige Dozent und Professor für Systematische Theologie *Uwe Swarat* hat im ersten Band seiner »Studien zur baptistischen Theologie«[14] eindrücklich gezeigt,[15] dass dem baptistischen Gemeindeverständnis nicht selten eine individualistische Tendenz innewohnt: Die für die baptistische Ekklesiologie so wichtige und gewichtige

> »Ortsgemeinde wird nämlich im Baptismus vielfach als *freiwilliger Zusammenschluss von einzelnen Wiedergeborenen* zu einer Gemeinde verstanden. Die Vorstellung ist dabei häufig die, dass der Mensch es mit Gott zunächst als ein *isolierter einzelner* zu tun hat, indem nämlich Gott *dem einzelnen ganz individuell* die Wiedergeburt zu einem neuen Leben schenkt. Dann schaut sich dieser *einzelne Wiedergeborene* sozusagen um, ob es nicht auch andere einzelne Wiedergeborene gibt, und ob man

---

[13] Vgl. UWE SWARAT, Der Gemeindebund – mehr als ein Zweckverband?, in: DERS., Gnade und Glaube, Studien zur baptistischen Theologie. Bibel – Rechtfertigung – Gemeinde und Kirche – Kirche und Staat, Leipzig 2021, 135-163, bes. 148-156.

[14] SWARAT, Gnade und Glaube (s. Anm. 13). Ein zweiter Band befindet sich in Vorbereitung.

[15] Vgl. SWARAT, Gemeindebund (s. Anm. 13), 135-163, bes. 148-156. Vgl. hierzu auch: ZIMMERMANN, Modell (s. Anm. 12), 168/169.

sich nicht mit ihnen – wegen der Gleichartigkeit der Erfahrung – zusammenschließen könnte. Findet er die anderen, bildet er mit ihnen zusammen eine Gemeinde. Gemeinde wäre demnach eine Schöpfung der wiedergeborenen Menschen. Sie wäre einem Verein von Gleichgesinnten nicht unähnlich. Dieses vereinsartige Verständnis von Gemeinde ist zwar im Baptismus zum Glück niemals ausschließlich gültig geworden, es ist aber immer vorhanden gewesen und hat auch zu manchem Fehlverhalten geführt.«[16]

Mit dieser eher individualistischen Tendenz geht gleichzeitig die Tendenz einher, der Gemeinschaft, und daher auch der Gemeinschaft mit anderen Gemeinden und Kirchen eher wenig oder sogar keine Aufmerksamkeit zu schenken.[17] Dies drückt sich in der immer noch aktuellen Frage nach der theologischen und ekklesiologischen Qualität des Gemeindebundes aus:[18]

> »Es hat in der Geschichte des deutschen Baptismus sowohl Äußerungen und Beschlüsse gegeben, die dem Bund eine über praktische Zwecke hinausgehende theologische Bedeutung zusprechen, als auch solche, die das theologische, rechtliche und praktische Gewicht des Bundes eher reduziert haben. Wie es die natürliche Tendenz kongregationalistisch verfasster Kirchen mit sich bringt, müssen Umfang und Art der Verbindlichkeit einer Bundeszugehörigkeit immer wieder eigens begründet werden. Wo dies nicht oder nicht ausreichend geschieht, *setzt sich sofort die Vereinzelung durch*. So sind bei einer gewissen Zahl von Gemeinden Verhaltensweisen zu beobachten, die ihre Mitgliedschaft im Bund als weitgehend unverbindlich erscheinen lassen.«[19]

---

[16] SWARAT, Gemeindebund (s. Anm. 13), 149. Herv. d. Verf.
[17] Vgl. a. a. O., 147/148.
[18] Vgl. ZIMMERMANN, Modell (s. Anm. 12), 168/169.
[19] SWARAT, Gemeindebund (s. Anm. 13), 147/148. Herv. d. Verf.

Das heißt: Die kongregationalistische Ekklesiologie baptistischer Gemeinden lässt diese nicht selbstverständlich und ohne weiteres als Befürworterinnen von Gemeinschaft und Verständigung zwischen Kirchen und Menschen erscheinen. Und diese individualistische Tendenz (auch mit ihren Stärken!)[20] ist nicht nur für den deutschsprachigen Baptismus festzustellen, sondern ist ein verbreitetes Phänomen baptistischer Ekklesiologie. Der aus dem »Mutterland« des Baptismus stammende und an der University of St Andrews lehrende britische Theologe *Stephen R. Holmes* zeigt, dass diese individualistische Tendenz auf ein Kernanliegen baptistischer Theologie zurückzuführen ist, nämlich auf die Praxis der Glaubenstaufe:

> »In Baptist theology, God deals directly with *each particular human being*, summoning him or her to respond in repentance and faith to the gospel call, and to take his or her place within the active community of the redeemed, living a life of visible holiness and committed to the evangelization of the world. Believer's baptism is an expression of this *intensely individualist strain within Baptist theology*: the faith of the church or the family is of no moment in the story of a person's journey to faith; only his or her response counts, and so baptism comes at his or her request, and not as a result of some proxy decision.«[21]

---

[20] Kernanliegen baptistischer Theologie ist es seit ihren Anfängen, die Glaubens- und Gewissensfreiheit des einzelnen Menschen in seiner Unmittelbarkeit gegenüber Jesus Christus zu betonen. Vgl. z. B. STEPHEN R. HOLMES, Baptist Theology, London 2012, 119-139. Daraus fließt das leidenschaftliche Eintreten der baptistischen Tradition für die Glaubens- und die Gewissensfreiheit. Vgl. hierzu MARTIN ROTHKEGEL, Freiheit als Kennzeichen der wahren Kirche. Zum baptistischen Grundsatz der Religionsfreiheit und seinen historischen Ursprüngen, in: ANDREA STRÜBIND u. DERS. (Hg.), Baptismus. Geschichte und Gegenwart, Göttingen 2012, 201-225.

[21] HOLMES, Theology (s. Anm. 20), 95. Herv. d. Verf.

Wie kommt es also, dass ich mit diesem Beitrag dennoch die baptistische Theologie und Ekklesiologie als starke Befürworterinnen von Gemeinschaft und Verständigung zwischen Kirchen und Menschen beschreibe? Der Grund dafür liegt in einem wichtigen Element baptistischen Glaubens, das bei aller Individualisierungstendenz nicht übersehen werden darf:

Die Gemeinschaftstendenz baptistischer Ekklesiologie – oder: Gemeinde als Beziehungsschule

Zunächst sei darauf hingewiesen, dass Uwe Swarat in den bereits zitierten Beiträgen ein überzeugendes Plädoyer in den Raum baptistischer Gemeindewirklichkeit hinein spricht, die Ortsgemeinde nicht nur als die Versammlung gleichgesinnter Christenmenschen und den Kirchenbund nicht nur als das organisatorische Zweckbündnis vieler Ortsgemeinden zu verstehen, sondern beides als Leib Christi – und damit als eine Größe, die dem individuellen Glauben und auch der Ortsgemeinde zeitlich und sachlich vorausgeht.[22] Damit ist

---

[22] »Die Gemeinde ist der Leib Christi, d. h. sie entsteht durch nichts anderes als dadurch, dass Christus sein Leben an Menschen mitteilt und diesen Menschen Anteil gibt an seinem Sterben und Auferstehen. Der Leib Christi lässt sich durch eine freiwillig geschlossene Verbindung von Menschen nicht bilden, sondern der Leib Christi ist dort, wo Jesus Christus ist. Menschen schaffen den Leib Christi nicht, sondern Menschen werden in diesen Leib eingefügt, durch Gottes Geist. […] Die Gemeinde kommt also nicht nach dem einzelnen Gläubigen als ein Zusammenschluss von Menschen, die vorher schon gläubig waren, sondern die Gemeinde besteht vor den einzelnen Gläubigen. Sie ist nämlich die Heilswirklichkeit, in die die einzelnen von Gott durch Wiedergeburt und Taufe eingefügt werden.« SWARAT, Gemeindebund (s. Anm. 13), 157. Und vgl. a. a. O., 156–163.

der ekklesiologische Grund dafür gelegt, den baptistischen Individualisierungstendenzen entgegenzuwirken.

Und auch der britische Theologe Stephen Holmes weist daraufhin, dass es bei aller inhaltlichen Bandbreite, die überörtlichen Strukturen von *rein organisatorisch* bis *echt kirchlich* zu verstehen, für baptistische Gemeinden immer klar war, dass die Ortsgemeinde über ihren eigenen Gemeindehorizont stets hinauszublicken hat.[23] Das Gründungsdokument der Abingdon Association aus dem Jahre 1652 zeigt deutlich, dass die Ortsgemeinden in Beziehung und in gegenseitiger Verständigung gedacht wurden: »That perticular churches of Christ ought to hold firme communion each with other in point of advice in doubtful matters and controversies [...] because there is the same relation betwixt the perticular churches each towards other as there is betwixt particular members of one church.«[24] Die theologische Überzeugung, dass eine Ortsgemeinde *ganz* Kirche ist (wenn auch nicht die *ganze* Kirche!)[25] führt notwendigerweise in die Beziehung zu anderen Kirchen und gerade nicht in die Isolation:

> »the principle of the independence of the local church is the claim that a particular congregation needs nothing beyond itself to be a true church of Christ; that does not mean that it is free to ignore whatever lies beyond the bounds of its own fellowship. Instead, Baptists have,

---

[23] Vgl. HOLMES, Theology (s. Anm. 20), 104–106.

[24] Zit. in: A. a. O., 104/105.

[25] »Die Ortsgemeinde ist zwar ganz und gar Kirche, aber sie ist nicht die ganze Kirche. Es gibt noch weitere Ortsgemeinden, die erst miteinander die ganze Kirche bilden.« UWE SWARAT, Ortsgemeinden und überörtliche Strukturen im Baptismus aus der Perspektive reformatorischer Ekklesiologie, in: DERS., Gnade und Glaube (wie Anm. 13), 164–178, hier 171. Vgl. hierzu HOLMES, Theology (s. Anm. 20), 104.

virtually from their foundation, held that true churches have a duty to unite together for support and instruction.«[26]

Das liegt nicht zuletzt an dem für das baptistische Denken so wichtigen Motiv des Bundes, in dem die Gläubigen mit Christus, aber auch untereinander stehen.[27] Die Baptistengemeinden verstehen sich von ihren Ursprüngen her, also seit dem beginnenden 17. Jahrhundert, als »eine sichtbare Gemeinschaft der Heiligen, von zwei, drei oder mehr Heiligen, die sich durch einen Bund mit Gott und untereinander verbunden haben, um gemäß dem Wort [Gottes] mit Freimut alle

---

[26] HOLMES, Theology (s. Anm. 20, 104. Hier spielen auch praktische theologische Erwägungen eine wichtige Rolle, die aber zugleich Bezug nehmen auf die nizänischen *notae ecclesiae*: »The benefit of association can be explained by reflecting on the catholicity of the church [...]. In the context of a difficult and acrimonious congregational dispute, perhaps, a fellow congregation might offer disinterested, and so perceptive, advice, or might have struggled with similar questions and so have counsel to offer. [...] Sometimes the association has a ready answer, having met the question before; more often it serves as a context in which members of several congregations can pool their insights and resources to generate new wisdom to pass on. (The advice thus gathered can never be binding on the church that raised the question, of course, but has usually been received with gratitude and acceptance.)« A. a. O., 106. Zur Rolle und Bedeutung der *notae ecclesiae* für den Baptismus vgl. UWE SWARAT, Die Kennzeichen der wahren Kirche (notae ecclesiae), in: DERS., Gnade und Glaube (s. Anm. 13), 115-134.

[27] Vgl. hierzu KAREN E. SMITH, Kirche als Gemeinschaft der Gläubigen. Der Bundesgedanke in der Ekklesiologie des frühen Baptismus, in: STRÜBIND/ROTHKEGEL (Hg.), Baptismus (s. Anm. 20), 23-43. Auch hier reicht die Überzeugung von einem reinen Zweckbündnis bis hin zu einer bewusst gewollten und theologisch geforderten Bundesgemeinschaft, die in der gemeinsamen Gemeinschaft mit Christus begründet liegt, vgl. a. a. O., 28-43, bes. 33-39.

von Gott eingesetzten heiligen Dinge auszuüben, zu ihrer gegenseitigen Erbauung und zur Ehre Gottes.«[28] Und hier kommt der Gedanke zum Vorschein, der baptistische Theologie – bei aller zu korrigierenden Individualisierungstendenz – seit ihren Anfängen zu einer *Befürworterin der Gemeinschaft und Verständigung, m. a. W.: der Beziehungsfähigkeit* macht. Er gründet in der anthropologischen, aber auch theologischen Überzeugung (siehe der Leib-Gedanke des Apostels Paulus), dass Glaubende auf andere Glaubende als ergänzende und korrigierende Gegenüber geradezu angewiesen sind! Die Glaubenden brauchen einander, um sich gegenseitig im Glauben zu ermutigen, zu korrigieren, zu stärken. Holmes schreibt: »a Baptist church is a covenanted congregation of visible saints, walking together in the ways of the Lord and watching over one another.«[29] Das, was im negativen Sinne nach gegenseitiger Überwachung klingen kann – und wohl auch immer als Gefahr besteht –, ist ausschließlich positiv gemeint: Nur im Gespräch miteinander, im aufeinander Achten, in der gegenseitigen Ermutigung und Ermahnung, eben *in Beziehung und Verständigung* und damit *in einer selbstkritischen Haltung* kann der Weg in der Nachfolge Jesu Christi gelingen. Denn von den Menschen in der Glaubensgemeinschaft wird erwartet, dass sie offen, selbstkritisch und ansprechbar bleiben für andere, oder wie Holmes es formuliert: »that they will be open to correction, and committed to repentance and the amendment of their lives when correction comes«[30]. Das gesamte Thema des Glaubenslebens, aber auch

---

[28] JOHN SMYTH, zit. in: A. a. O., 26.
[29] HOLMES, Theology (s. Anm. 20), 151.
[30] A. a. O., 152.

der Heiligung[31] ist damit streng innerhalb einer Gemeinschaft gedacht, die in gegenseitiger Offenheit füreinander und miteinander unterwegs ist und im Gespräch miteinander bleibt. Und was das Thema der Heiligung im Speziellen betrifft, unterscheidet sich die baptistische Tradition hier fundamental von anderen kirchlichen Traditionen:

> »Normative sanctity seems to involve withdrawal from community, not immersion in it: saints withdrew into the desert, or up mountains, or into separated cells, there to pursue holiness freed from the distractions and temptations afforded by a surrounding community. While this was somewhat regulated within the monastic tradition, which at least proposed community living, practices of silence and withdrawal still seemed to suggest that human contact was an impediment to the pursuit of the holy life. [...] For Baptists, spiritual direction is an irreducibly communal activity, performed by the whole church for each member of the church, and insertion into the community of God's people is not an impediment, but a necessary spur to true holiness.«[32]

Während der Weg der Heiligung oder der geistliche Weg für andere kirchliche Traditionen also tendenziell bedeutet, sich aus der Gemeinschaft zurückzuziehen, bedeutet es für die baptistische Tradition genau das Gegenteil: nämlich Eintauchen in die Gemeinschaft. Das Motiv des Eintauchens oder Einfügens (im Zitat oben: »immersion« und »insertion«) – wie es die baptistische Taufpraxis sinnenfällig zum Ausdruck

---

[31] Wobei der Baptismus in der Heiligung keine Perfektion anstrebt: »the belief in the possibility of attaining ›Christian perfection‹ in this life is a Methodist distinctive, not a Baptist one«. Von der Gemeinschaft der Glaubenden werden allerdings »higher standards of ethics than those around them« erwartet. A. a. O., 151/152.

[32] A. a. O., 155.

bringt – strahlt hier also auch auf die Weise ab, wie man sich den Weg des Glaubens, den spirituellen Weg, den Weg der Heiligung im Baptismus vorstellt, denn Taufe in den Tod und in die Auferstehung Jesu Christi (gemäß Röm 6) bedeutet für baptistische Theologie eben immer auch Taufe in den Leib Jesu Christi und damit in die Gemeinschaft der Gemeinde hinein.

So ist es wiederum die Praxis der Glaubenstaufe, die theologische Auswirkungen mit sich bringt, indem sie *einerseits* (siehe oben) einen individualistischen Grundzug des baptistischen Glaubens- und Gemeindeverständnisses fördert und *andererseits* ein streng auf die Gemeinschaft hin geordnetes Denken mit sich bringt: »God, for Baptists, is encountered and known in a gathered community and, indeed, by a gathered community; the lone believer is at least profoundly disadvantaged in his or her discipleship.«[33] Ein beziehungsloses oder beziehungsunfähiges Christ- oder Kirche-Sein ist für baptistische Theologie also undenkbar. Vielmehr sind die Weggemeinschaft, das gemeinsame Gespräch, die Verständigung sowie die Offenheit für die Korrektur des eigenen Standpunktes wesentlich für die baptistische Existenz.

> »Loving community discipline enables the discipleship of every member of the community; members of the community share insight and encouragement, pray for one another, step in to challenge or uphold one another, and in manifold ways, make joint discipleship possible where individual discipleship is not. For Baptists, sanctity happens together or not at all«.[34]

---

[33] Ebd.
[34] A. a. O., 157.

Und dies alles findet unter Geschwistern in Christus statt, also auf Augenhöhe, weil unabhängig von kulturellen und sozialen Unterschieden.[35]

Zusammenfassender Ausblick

Der Blick auf die baptistische Ekklesiologie zeigt also, dass sie – bei aller Betonung der Selbständigkeit der Ortsgemeinde und bei aller Betonung des individuellen und unmittelbaren Glaubensverständnisses – auf ein *gemeinschaftsbezogenes und beziehungsorientiertes Kirchenbild* zielt. Besonders stark prägt sich dieser Zug baptistischer Ekklesiologie im Hinblick auf den Glaubensweg der Einzelnen aus: Wer auf dem Weg des Glaubens ist, muss im Gespräch mit anderen sein, offen für andere sein, Ermutigung annehmen und geben, Korrektur annehmen und geben; ein in sich geschlossenes Dasein ist auf dem Weg des Glaubens undenkbar. Damit *können* christliche Gemeinden aus baptistischer Perspektive so etwas wie Schulen der Verständigung, des Gesprächs, des Streits, der gegenseitigen Ermutigung, aber eben auch der gegenseitigen Korrektur sein, eben: Beziehungsschulen. Und dies – wie oben gezeigt – nicht nur im Blick auf die einzelne Ortsgemeinde, sondern auch im Blick auf das Verhältnis zwischen den Ortsgemeinden. (Dass christliche Gemeinden allzu oft genau das Gegenteil sind, also Sümpfe des Streits und der Spaltung, sei an dieser Stelle auch erwähnt.)

Aus der Perspektive baptistischer Ekklesiologie ist daher zum 50. Geburtstag der Leuenberger Konkordie *als Gemein-*

---

[35] Vgl. a. a. O., 156.

schafts- und Gesprächsprojekt (im Sinne des damit bereits Erreichten, aber auch im Sinne der damit verbundenen, bleibenden Aufgabe) herzlich zu gratulieren! Der Leuenberger Konkordie ist es vor 50 Jahren gelungen, durch einen langen und engagierten Prozess[36] zu erreichen, dass die »Gegensätze, die von der Reformationszeit an eine Kirchengemeinschaft zwischen den lutherischen und reformierten Kirchen unmöglich gemacht und zu gegenseitigen Verwerfungsurteilen geführt haben«,[37] in dem Sinne überwunden werden konnten, dass »die von den Vätern vollzogenen Verwerfungen nicht als unsachgemäß bezeichnet« wurden, sie »jedoch kein Hindernis mehr für die Kirchengemeinschaft« sind.[38]

Gleichzeitig ist die Leuenberger Konkordie der bleibende Auftrag, weiter und gemeinsam im Gespräch zu bleiben, denn die »beteiligten Kirchen lassen sich bei der gemeinsamen Ausrichtung von Zeugnis und Dienst von dieser Übereinstimmung leiten und verpflichten sich zu kontinuierlichen Lehrgesprächen untereinander«,[39] es ist ihre »Aufgabe [...], an Lehrunterschieden [...] weiterzuarbeiten«,[40] und: »Aufgrund ihres gemeinsamen Erbes müssen die reformatorischen Kirchen sich mit den *Tendenzen theologischer Polarisierung* auseinandersetzen, die sich gegenwärtig abzeichnen«,[41] heißt es bereits 1973! Und nicht zuletzt versteht sich die Leuenberger

---

[36] Vgl. FRIEDRICH-OTTO SCHARBAU, Einleitung, in: WILHELM HÜFFMEIER (Hg.), Konkordie reformatorischer Kirchen in Europa (Leuenberger Konkordie), Frankfurt am Main 1993, 3–14, hier 3.
[37] Leuenberger Konkordie, Nr. 17.
[38] Leuenberger Konkordie, Nr. 27.
[39] Leuenberger Konkordie, Nr. 37.
[40] Leuenberger Konkordie, Nr. 39.
[41] Leuenberger Konkordie, Nr. 40. Herv. d. Verf.

Konkordie bzw. die durch sie gestiftete Kirchengemeinschaft als eine Größe, die »der ökumenischen Gemeinschaft aller christlichen Kirchen […] dienen« möchte,[42] und dies mit der Bereitschaft, Fragen der Kirchengemeinschaft auch in einen »weiteren Horizont zu stellen«.[43]

Daher ist ein Einheits- und Verständigungsprojekt wie die Leuenberger Konkordie auch aus gesellschaftspolitischer Sicht in Zeiten zunehmender Polarisierung von Bedeutung, weil es Gespräch und Verständigung fordert und fördert. Gelänge es Kirchen in den 20er Jahren des 21. Jahrhunderts – und darüber hinaus! –, als gesellschaftliche Größen in Erscheinung zu treten, die Zusammenraufen, Fähigkeit zur Selbstkritik, Gespräch und Verständigung inmitten zehrender und zerrender Polarisierungen zu ihrem Programm machen – sei es in Form einer Kirchengemeinschaft wie der Leuenberger Konkordie, sei es in Form der baptistischen Grundüberzeugung, dass es ohne die offene, aber manchmal auch schmerzhafte gegenseitige Zugewandtheit auf dem Glaubensweg nicht geht –, was könnte das für ein großartiges Zeugnis sein für eine – wie Wolfgang Merkel es nennt – »Moral der kritischen Selbstreflexion und Verständigung«.

---

[42] Leuenberger Konkordie, Nr. 46.
[43] Vgl. Leuenberger Konkordie, Nr. 49.

Notger Slenczka

Zur Hermeneutik der Leuenberger Konkordie

Zu Beginn eine Erinnerung an den Gedankengang, den die Leuenberger Konkordie in ihren Kapiteln vollzieht:[1] Die beteiligten Kirchen »stellen aufgrund ihrer Lehrgespräche unter sich das gemeinsame Verständnis des Evangeliums fest, wie es nachstehend ausgeführt wird. Dieses ermöglicht ihnen, Kirchengemeinschaft zu erklären und zu verwirklichen.« (LK 1) In der Konkordie wird nach dieser programmatischen Präambel in Kapitel I der ›Weg zur Gemeinschaft‹ beschrieben; da geht es um die hermeneutischen Voraussetzungen. Es folgt in Kapitel II die Darstellung des gemeinsamen Verständnisses des Evangeliums, das diese Kirchengemeinschaft ermöglicht: die Rechtfertigungsbotschaft und das Verständnis der Medien des Evangeliums: Wort und die beiden Sakramente. Es werden dann in Kapitel III die Unterscheidungslehren der Reformationszeit – Abendmahl, Christologie und Prädestination – aufgerufen und festgestellt, dass und inwiefern diese damals als kirchentrennend gewerteten Lehrdifferenzen nicht kirchentrennend sind, sofern Einigkeit im zuvor dargestellten gemeinsamen Verständnis des Evangeliums und der Heils-

---

[1] Konkordie reformatorischer Kirchen in Europa (Leuenberger Konkordie), Leipzig ²2013; hier zitiert nach: https://www.leuenberg.eu/documents/ (Stand: 29.08.2024). Verweise mit dem Kürzel ›LK‹ beziehen sich im Folgenden auf die Konkordie und deren Abschnittzählung (Randnummer).

medien besteht. Die Verwerfungen der Väter sind daher kein Hindernis für die Erklärung von Kirchengemeinschaft, die dann in IV erfolgt. Inhaltlich bietet die Konkordie im Grunde im Verlauf des Gedankens eine Entfaltung des ersten Satzes des Abschnitts 2: »Die Kirche ist allein auf Jesus Christus gegründet, der sie durch die Zuwendung seines Heils in der Verkündigung und in den Sakramenten sammelt und sendet.« (LK 2): In II wird dieser Satz in der Darstellung der Rechtfertigungsbotschaft und Sakramentenlehre Schritt für Schritt ausgelegt, und diese Auslegung ist dann das Fundament, auf das hin die verbleibenden Differenzen interpretiert werden (III) und die die Feststellung erlauben, dass die wechselseitigen Verurteilungen den gegenwärtigen Gesprächspartner nicht mehr treffen.

Die Verwirklichung der Kirchengemeinschaft (Kapitel IV) wird dargestellt als ein Prozess: ausdrücklich wird festgehalten, dass die traditionellen Bekenntnisse ihre Bindewirkung behalten: »Die Konkordie läßt die verpflichtende Geltung der Bekenntnisse in den beteiligten Kirchen bestehen. Sie versteht sich nicht als ein neues Bekenntnis. Sie stellt eine im Zentralen gewonnene Übereinstimmung dar, die Kirchengemeinschaft zwischen Kirchen verschiedenen Bekenntnisstandes ermöglicht« (LK 37). Und die Kirchen verpflichten sich dazu, die auf dieser Basis verbleibenden, aber nicht kirchentrennenden Unterschiede im Laufe weiterer Lehrgespräche zu bearbeiten (ebd.).

Nun die These der folgenden Ausführungen: Entgegen der ausdrücklichen Feststellung, dass die Leuenberger Konkordie kein neues Bekenntnis sei, ist sie ausweislich ihrer hermeneutischen Vorgaben nicht nur eine Anleitung zur Hermeneutik der reformatorischen Bekenntnisse, sondern sie ist selbst ein Bekenntnis. Das hat Folgen für die ausdrücklich festgehaltene Fortgeltung der traditionellen Bekenntnisse.[2]

Diese These ergibt sich, wie gesagt, wenn man der Hermeneutik der Konkordie nachgeht:

1. Diskussionen um die Bekenntnishermeneutik im Vorfeld der Leuenberger Konkordie

1.1. Der Hintergrund des Interesses an den reformatorischen Bekenntnissen.

Die Leuenberger Konkordie ist auch darum ein eigentümlicher Text, weil weder im Vorfeld noch in der Konkordie selbst noch in den nachgehenden Diskussionen wirkliche Klarheit hergestellt wurde bezüglich der Hermeneutik, die den Umgang der Konkordie mit den reformatorischen Bekenntnissen und ihren theologischen Differenzen leitet. Die Frage wurde vor, während und nach der Erstellung der Konkordie durchaus diskutiert, die Diskussion war aber vielstimmig und kam nach meinem Eindruck zu keinem eindeutigen Ergebnis. Dieser Hintergrund ist kurz in Erinnerung zu rufen.[3]

---

[2]   Ich verweise für das Folgende auf N. SLENCZKA, Theologie der reformatorischen Bekenntnisschriften, Leipzig 2020, hier bes. § 10 zur Leuenberger Konkordie (dort weiterführende Literatur: 641, Anm. 1 u. ö.) und § 11 zum Verständnis der Lehrgestalt des christlichen Glaubens. Da ich in diesem Buch zu den hier relevanten Themen hinreichend Literatur verarbeitet habe, beschränke ich mich in diesem Text auf Hinweise auf die dortigen Ausführungen. Ich verweise insbesondere auf: J. GROSS, Pluralität als Herausforderung. Die Leuenberger Konkordie als Vermittlungsmodell reformatorischer Kirchen in Europa, Göttingen 2018.

[3]   Dazu ausführlich: SLENCZKA, Theologie, 672–696.

Dass überhaupt die reformatorischen Bekenntnisse als Grund der Kirche und als Fundament der Kirchengemeinschaft eine entscheidende Rolle spielen, ist angesichts der Distanz gegenüber konfessionalistischen Identitätskonzepten im 19. und beginnenden 20. Jahrhundert keine Selbstverständlichkeit.[4] Im Kirchenkampf gewannen die traditionellen Bekenntnisse eine ganz eigentümliche neue Konjunktur als Anker gegenüber den Versuchen, die protestantischen Kirchen zu vereinigen und als Einheit dem ›völkischen‹ Staat einzuordnen. Es werden nicht nur von allen Parteien des Kirchenkampfs neue, bekenntnisartige Positionierungen verfasst, sondern es kommt zu einer neuen Bedeutsamkeit der reformatorischen Bekenntnisse und ihrer Unterscheidungslehren: die klassischen konfessionellen Differenzen gerade in der Abendmahlslehre und die identitätsstiftende Funktion der Bekenntnisse als Fundament der Kirche bieten sowohl der lutherischen wie der reformierten Theologie unpolitische und damit kommunikable Argumente für die Selbständigkeit der konfessionell gebundenen Landeskirchen und Elemente des theologischen Widerstands gegen die Bildung einer protestantischen Reichskirche. Allerdings führte die Zusammenarbeit der Konfessionskirchen in der Bekennenden Kirche auch zur Einsicht in die Notwendigkeit einer konfessionellen Verständigung, die sich bereits in der Präambel der Barmer Theologischen Erklärung (BThE) ankündigt[5] und schon vor 1945

---

[4] Dazu und zum Folgenden: SLENCZKA, Theologie, 41–54 zur reformatorischen und neuzeitlichen Kritik am Verständnis des Glaubens als ›Lehre‹; 665–671 zur ›Konjunktur‹ des Bekenntnisses.

[5] »Gerade weil wir unseren verschiedenen Bekenntnissen treu sein und bleiben wollen, dürfen wir nicht schweigen, da wir glauben, dass uns in einer Zeit gemeinsamer Not und Anfechtung ein gemeinsames Wort in den

zu ökumenischen Gesprächen und zu synodalen Erklärungen führt – beispielsweise zu den Dokumenten und insbesondere zur Abendmahlserklärung der Synode in Halle 1937.[6]

1.2. Die Bekenntnisschriften als Kriterium der Kirchengemeinschaft – Elert, Sasse, Weber

Diese Bemühungen sind begleitet von Überlegungen in allen beteiligten Kirchen, was genau eigentlich unter der »Einheit in der Lehre« zu verstehen sei, die angeblich Voraussetzung der Kirchengemeinschaft ist und deren Wahrung die Kontinuität der reformatorischen Kirchen begründet. Dass diese Einigkeit in der Lehre sich im »magnus consensus« der Bekenntnisse der Reformationszeit manifestiert und dass die Kircheneinheit eine Verständigung über die in den reformatorischen Bekenntnissen festgehaltenen Differenzen voraussetzt und die Geltung dieser Bekenntnisse nicht relativieren darf, haben beispielsweise *Werner Elert, Hermann Sasse* und auf reformierter Seite *Otto Weber*[7] in den Auseinandersetzungen um Barmen behauptet:[8] nach Elert setzt die Einheit der Kirche die Einigkeit in der Lehre voraus, das heißt: die Einigkeit im

---

Mund gelegt ist. Wir befehlen es Gott, was dies für das Verhältnis der Bekenntniskirchen untereinander bedeuten mag.« (Barmer Theologische Erklärung, hg. v. A. BURGSMÜLLER, Neukirchen-Vluyn ⁵1993, Präambel.

[6] G. NIEMÖLLER, Die Synode zu Halle 1937, Göttingen 1976 (Dokumentation der Texte und Beratungen); dazu kurz: SLENCZKA, Theologie, 641–644.

[7] Es ist wenig bekannt, dass Otto Weber in der Barmer Theologische Erklärung eine unierte Tendenz identifizierte (V. v. BÜLOW, Otto Weber, Göttingen 1999, 175) und aus dem reformierten Bund austrat, als dieser 1934 auf die Seite der Bekenntniskirche trat und damit die BThE akzeptierte (ebd. 166).

[8] Dazu SLENCZKA, Theologie, 623 f.; 627–636. Zu Elert 686–689.

Verständnis des Sachgehaltes der Verkündigung, der dann Gegenstand der applizierenden Predigt ist – das ist der Sinn der berühmten Unterscheidung von ›Demonstrativ‹ und ›Adhortativ‹ des Evangeliums.[9] Die in Geltung stehenden Bekenntnisse der Kirche geben als inhaltliche Norm der Verkündigung dieser ihren Sachgehalt vor. Insoweit ist der consensus in der Lehre durch die Bekenntnisse der Reformationszeit normiert und dieser consensus ist die Grundlage und die Voraussetzung der Kirchengemeinschaft.[10]

1.3. Die Unterscheidung zwischen dem kirchegründenden Evangelium und dem Lehrbekenntnis – Gerhard Ebeling

Diese Fixierung der konfessionellen Differenz und der Bedingungen der Verständigung der Kirchen hat in den Diskussionen der Nachkriegszeit Widerspruch gefunden, der sich auf eine von Elert abweichende Zuordnung der expliziten, in Bekenntnissen fixierten Lehre zum consensus de Evangelio als Grund der Kirche stützte.[11] Hervorzuheben sind hier besonders die einschlägigen Arbeiten von *Gerhard Ebeling* und des leider viel zu selten erwähnten *Wenzel Lohff*. Beide haben die von Elert und anderen vertretene Überzeugung, dass die Kirchengemeinschaft eine Übereinstimmung in der in den Bekenntnissen fixierten Lehre voraussetze, problematisiert.

---

[9] W. ELERT, Der christliche Glaube, 4. Aufl. hg. v. E. KINDER, Hamburg ⁴1956, 35–42 und 115–124.

[10] W. ELERT, Schrift und Bekenntnis, Leipzig 1936, hier bes. 6–17.

[11] Die folgend als Gegenposition zu Elert eingeführte Nachordnung der Lehre weist, das muss man ausdrücklich sagen, selbst viele Übereinstimmungen insbesondere mit den frühen Arbeiten Elerts auf: vgl. SLENCZKA, Theologie (Anm. 1) 686–689, dort Lit.

Die Einheit der Kirche gewährleistet nicht der consensus de omnibus articulis Confessionis Augustanae, so Ebeling.[12] Die Pointe der Zuordnung Ebelings ist die Unterscheidung dessen, was die Kirche zur Kirche macht – die auf Glauben zielende Predigt des Evangeliums und die evangeliumsgemäße Sakramentsverwaltung im Vollzug – von dem, worin Einigkeit nicht notwendig ist.[13] Mit der Unterscheidung zwischen dem fixierten Lehrbekenntnis einerseits und dem kirchegründenden Ergehen des Evangeliums andererseits weist Ebeling darauf hin, dass weder die Aussagen der Schrift noch die explizite Lehre der Bekenntnisschriften mit dem Wort, das die Kirche begründet, identifiziert werden kann (etwa 174f.); dabei kann aber das kirchegründende Wort auch nicht als eigene Größe neben Schrift und Bekenntnis konstatiert werden. Vielmehr kann dieses kirchegründende Wort nur jeweils im Vollzug der Bezeugung dieses Wortes identifiziert werden. Es gibt den Konsens hinsichtlich der rechten Verkündigung des Evangeliums nur im Vollzug der theologischen Interpretation der Schrift bzw. des Gehaltes der Lehrbekenntnisse (170f.; 178f.; 180 etc.). Das Wort Gottes und sein Gehalt kommt im Medium der Verkündigung, der Lehre oder der theologischen Reflexion zur Sprache, ist von diesen Realisationsgestalten zu unterscheiden, in denen es aber jeweils in einer Gegenwart ausgedrückt wird (175). Die Kontinuität der Gegenwart zu den Bekenntnissen und zur Schrift gewährleisten nicht die partikularkirchlichen Bekenntnisformulierungen, sondern das

---

[12] Vgl. G. EBELING, Die kirchentrennende Bedeutung von Lehrdifferenzen, in: DERS., Wort und Glaube, Tübingen 1960,161–191, hier eine ähnliche Formulierung 186. Seitenangaben im folgenden Text beziehen sich auf diesen Aufsatz.

[13] A. a. O., 165–167 und. 181–189.

Ergehen des Glauben stiftenden Evangelium; dieses Evangelium muss jeweils in einer Interpretation von Schrift und Bekenntnis gegenwärtig identifiziert und auf Glauben hin verkündigt werden.

1.4. Die historische Relativierung der reformatorischen Bekenntnisse – Wenzel Lohff

An der Konzeption und Formulierung der Leuenberger Konkordie war insbesondere Wenzel Lohff beteiligt, der die entscheidenden Beiträge zur Bekenntnishermeneutik, die die Konkordie leiten, ausgearbeitet und im Vorfeld und in der nachgehenden Deutung der Konkordie präsentiert hat.[14]

Der entscheidende Schritt bei Wenzel Lohff ist die Verbindung der Ebelingschen theologischen Unterscheidung von Evangelium und formuliertem Bekenntnis mit der Anerkennung der Geschichtlichkeit sowohl der Schrift wie der reformatorischen Bekenntnisse, die dazu nötigt, zwischen dem Grund der Zugehörigkeit zur Kirche und der jeweiligen geschichtlichen Erkenntnis und Aussprache dieses Grundes zu unterscheiden (98 f.): »Ein Fortschritt kann nur so geschehen,

---

[14] Ich konzentriere mich hier auf: W. LOHFF, Grund und Grenze der Kirche. Von der Bedeutung des Augsburgischen Bekenntnisses für das Bemühen um Kirchengemeinschaft im deutschen Protestantismus, in: DERS., Fundus des Glaubens. Zugänge zur Begründung elementaren Glaubenswissens, Göttingen 1986, 91–110. Seitenverweise im Folgenden beziehen sich auf diesen Text. Der Text wurde 1970 veröffentlicht und wird am gegenwärtigen Veröffentlichungsort in einem Anhang zusammengestellt mit den Thesen der Leuenberger Arbeitsgemeinschaft (ebd. 107–110), die teilweise wörtlich die Leuenberger Konkordie vorwegnehmen und sachlich dem hier angezogenen Aufsatz Wenzel Lohffs entsprechen.

dass man die Bekenntnisse als das ernst nimmt, was sie sind, geschichtlich bestimmte Glaubenszeugnisse der reformatorischen Väter, die uns auffordern, von ihnen her unser Glaubenszeugnis zu explizieren als Söhne, für die die Fragen der Lehre sich anders stellen können als für die Väter« (98).

Diese historische Relativität der Bekenntnisse nötigt zum Identifizieren der theologischen Mitte und deren Unterscheidung von der historischen Ausdrucksgestalt. Die CA, so führt Lohff aus, gibt selbst in CA 7 als ihre eigene Mitte die christologisch begründete Botschaft von der Rechtfertigung, die auf Glauben zielt, an. Die Kirchengemeinschaft basiert entsprechend auf einem Konsens bezüglich dessen, was die Kirche begründet: bezüglich der Botschaft von der Rechtfertigung. Der Ausdruck dieses Grundes auf der Basis menschlicher Reflexion und der Ausdruck der Kirchengemeinschaft in Riten und liturgischen Vollzügen hingegen fällt unter das ›nec necesse est‹, d. h. unter dasjenige, was zur Einheit der Kirche nicht notwendig ist und was daher Gegenstand des gemeinschaftsstiftenden Konsenses nicht sein muss. Das bedeutet: die formulierten Bekenntnisse des 16. Jahrhunderts sind nicht der Grund der Kirchengemeinschaft, sondern den ›Zeremonien und Riten‹ gleichzustellen:

»Wenn die Botschaft von der Rechtfertigung, der in Christus beschlossenen Annahme des Sünders durch Gott, Glauben und Kirche begründet, dann ist die einzige Bedingung der Zugehörigkeit zur kirchlichen Gemeinschaft die Annahme des Angenommenseins, die Annahme der Rechtfertigung selbst, nicht ein bestimmtes Maß lehrmäßiger Explikation dieses Geschehens, das vielmehr nur Ausdruck dieses Glaubens darstellt« (102).

Die Unterscheidung zwischen dem Glauben an die Rechtfertigung einerseits und dem Ausdruck im Bekenntnis ist allerdings so scharf nicht zu ziehen, denn Lohff stellt fest, dass dieser Konsens in der Rechtfertigung »auch ausgesprochen sein [muss] ..., und so wird eine Neuformulierung der Botschaft von der Rechtfertigung in der Tat die wichtigste Aufgabe einer Vereinbarung über Kirchengemeinschaft sein« (102), wohingegen die weitere Explikation der Lehre der anschließenden theologischen Arbeit überlassen werden kann. Der Konsensus in der Botschaft von der Rechtfertigung habe proleptischen Charakter (103), stelle also einen Vorgriff dar auf eine Ausformulierung eines weitergehenden Konsensus (ebd.).

1.5. Die Verbindung der theologischen und der historischen Relativierung der Bekenntnisse

Das Verhältnis von Konsens und Differenz ist dabei hochinteressant, weil es sich bei Lohff noch deutlicher als in dem angezogenen Aufsatz von Ebeling mit dem Problem der Geschichtlichkeit verbindet. Die reformatorischen Bekenntnisse sind historisch abständig (99) und nur auf der Basis einer hermeneutischen Reflexion dieser Abständigkeit gegenwärtig verbindlich und nachvollziehbar. Zugleich erlaubt die Einsicht in die historische Abständigkeit das Zugeständnis, dass derselbe Sachgehalt in unterschiedlichen Epochen und unter unterschiedlichen weltanschaulichen Voraussetzungen in unterschiedlicher Form und Intention zur Sprache gebracht werden kann. Die in CA 7 angelegte theologische Unterscheidung zwischen dem, was Grund der Kirchengemeinschaft ist, und dem, was in einer bestimmten Partikularkirche Geltung hat, aber nicht zur Kircheneinheit notwendig ist, zielt auf eine Verhältnisbestimmung von Einheit und Vielfalt; die Einsicht in die Geschichtlichkeit der Ausdrucksformeln gibt dieser Verhältnisbestimmung ein geschichtshermeneutisches Fundament.

Die Einigkeit im Zentrum, der Botschaft von der Rechtfertigung, ist der kirchbildende Konsens, der nicht mittels der historischen Bekenntnisse, sondern auf der Grundlage dieser Bekenntnisse und geleitet von der Unterscheidung zwischen dem kirchgründenden Konsens und den ›Zeremonien‹ in einer aktuellen Formulierung zur Sprache gebracht werden muss. Die reformatorischen Bekenntnisse sind in der Tat ein historischer Lehrbestand, dessen Mitte in einem freien gegenwärtigen Nachvollzug zur Sprache gebracht werden muss. Das leistet eine aktualisierende Formulierung der Rechtfertigungsbotschaft, die vorausgreift auf eine weiterreichende Einigkeit. Eine ähnliche Konzentration auf das wesentliche Zentrum nimmt Lohff mit Bezug auf die Gnadenmittel, die ›gemäß dem Evangelium‹ verwaltet werden müssen, vor: es gehe in den sakramentstheologischen Bestimmungen der CA darum, dass mit den Heilsmitteln das Heil ausgeteilt und nicht eine vom sakramentalen Vollzug unterschiedene Heilsgabe lediglich angezeigt wird: »Wo in der Sakramentshandlung das kommunikative Realgeschehen der Versöhnung gegenwärtig geglaubt wird, werden die Sakramente gemäß dem Evangelium verwaltet« (104).

Die Unterscheidung des kirchgründenden Evangeliums von dem Lehrbekenntnis, das zur Kircheneinheit nicht notwendig ist (100) geht also nicht nur auf die theologische Unterscheidung in CA 7 zurück, sondern ist zugleich ausgewiesen als Folge der relativierenden Kraft des historischen Bewusstseins: es »dringt die historische Reflexion in den Glauben ein und lässt fragen, ob man sich denn so einfach unbefragt einer Autorität des 16. Jahrhunderts verschreiben kann, ob nicht die damaligen Differenzen geschichtlich bedingt waren« – Lohff nennt dann ausdrücklich außertheologische, also geschichtlich bedingte Faktoren und rechnet auch mit der

Möglichkeit eines »Defizit an theologischer Information« bei den Verfassern der reformatorischen Bekenntnisse (102). Diese historische und theologische Bekenntnishermeneutik ermöglicht die gegenseitige Anerkennung unter »Feststellen der Verschiedenheit der jeweiligen Kirchentümer in ihrer historischen Ausprägung«; diese Differenzen sind festzuhalten unter der Prämisse, dass sie den mit er Formulierung der Rechtfertigungsbotschaft festgestellten Basiskonsens nicht in Frage stellen.

1.6. Zusammenfassung

Der entscheidende Punkt sowohl bei Ebeling wie bei Lohff ist die Zuordnung des kirchgründenden Evangeliums und der expliziten Lehre bzw. der Institutionen von Schrift, Bekenntnis, Verkündigung und Theologie: es gibt das kirchgründende Evangelium nur in den jeweiligen Gestalten der Versprachlichung, in denen es sich manifestiert. Es muss aber von diesen Ausdrucksgestalten unterschieden werden als etwas dieser konkreten, geschichtlich relativen Versprachlichung Vorgegebenes. Diese Differenzierung selbst kann sich aber nur im beständig neuen Vollzug einer Versprachlichung vollziehen. Letztlich zielt die Unterscheidung darauf, dass das Ergehen des Evangeliums ein menschlicher Verfügung entzogener Vorgang ist,[15] der sich in den Medien von Wort und Sakrament vollzieht, zugleich aber deren Grund darstellt. Das fordert von den Kirchen die theologische Unterscheidung der eigenen Sprachformen und die beständige kritische Prüfung der Angemessenheit dieser Versprachlichungen.

---

[15] Dazu genauer unten S. ##.

2. Das hermeneutische Programm der Leuenberger Konkordie

2.1. Die Unterscheidung von Evangelium / Rechtfertigungsbotschaft und Lehrbekenntnis in der Leuenberger Konkordie

Diese Diskussion im Vorfeld und insbesondere die Ausführungen von Wenzel Lohff bilden den Hintergrund der Leuenberger Konkordie.[16] Die Verfasser sprechen in LK 2 von der »Übereinstimmung in der rechten Lehre des Evangeliums«, die zur »wahren Einheit der Kirche« neben der »rechten Verwaltung der Sakramente« unverzichtbar, aber eben auch ausreichend sei. Hier in LK 2 kommt das Stichwort ›Lehre‹ noch vor; im Folgenden aber greift die Konkordie zu der Wendung des »gemeinsamen Verständnisses des Evangeliums« – nicht Lehre! – als Bezeichnung für die eigenen Aufstellungen zu Evangelium und Sakrament. Das Stichwort ›Lehre‹ kommt erst in den Bezugnahmen auf die reformatorischen Bekenntnisse und die entsprechenden Verurteilungen wieder ins Spiel: das rechte Verständnis des Evangeliums haben, so die Verfasser, »die reformatorischen Väter in der *Lehre* von der Rechtfertigung zum Ausdruck gebracht« (LK 8); und dieselben Väter haben Gegensätze gepflegt, die die – Stichwort: – Abendmahls*lehre*, die Christologie und die *Lehre* von der Prädestination betrafen (III, LK 17). Die Aufstellungen der Konkordie selbst zum Konsens bezüglich des Evangeliums und zu Taufe und Abendmahl verzichten ganz auf das Stichwort der Lehre und sprechen von der Rechtfertigungs»botschaft«.

---

[16] S. o. Anm. 10.

2.2. Lesarten der Hermeneutik der Leuenberger Konkordie

Dies ist für die Frage nach der Hermeneutik der Konkordie mitnichten nebensächlich, aber klärungsbedürftig. Denn die Darlegungen des 2. Kapitels (II) zum gemeinsamen Verständnis des Evangeliums bzw. der Rechtfertigungsbotschaft, und die Aufstellungen zu den Heilsmitteln, die die Grundlage der festzustellenden Kircheneinheit darstellen sollen, stehen in einem sehr unklaren Verhältnis zu den als »Lehre« apostrophierten reformatorischen Formeln: die Darlegungen der Leuenberger Autoren in Kapitel II könnten selbst als Lehren verstanden werden, für die dann der Anspruch erhoben würde, dass sie entweder an die Stelle der reformatorisch strittigen Lehren treten oder Kompromissformeln darstellen, in denen sich die Lehren aller beteiligter Konfessionen wiederfinden können. Mit dieser Interpretation würde man die »Botschaft« des Evangeliums und das »Verständnis des Evangeliums« auf eine Ebene mit dem Stichwort ›Lehre‹ stellen und davon ausgehen, dass es sich um gegenüber den reformatorischen Exklusionen irgendwie ermäßigte Lehrformeln handelt, die Konsens in der Lehre und daraufhin Kircheneinheit ermöglichen.

Oder man geht davon aus, dass die Wendungen »Verständnis des Evangeliums« oder »Botschaft des Evangeliums« einen Ebenenwechsel gegenüber der Lehre vollziehen: es geht dann nicht mehr um Lehrgebilde, sondern um das Evangelium oder um die Botschaft, die dann zweitens in Lehrgebilden ausgedrückt und dargestellt wird, in den Lehrformeln aber niemals aufgeht oder gar mit ihnen identisch wäre. Die Konkordie wäre dann von der These geleitet, dass der Konsens, der für die Einheit der Kirche notwendig ist, nicht die Lehre meint, sondern das der Lehre vorausgehende Geschehen des Evangeliums, das die Verfasser der Konkordie in II darstellen. Dann wären die Sätze in II sozusagen die Darstellung des Evangeliums, das den trennenden Lehrsätzen zugrundeliegt.

Für diese Lesart – es geht nicht um die Einheit in der Lehre, sondern um die Einheit im Evangelium – kann es wiederum eine hermeneutisch abgrundtief naive Lesart geben: dann würden die Verfasser den Anspruch erheben, mit den Aufstellungen in Kapitel II das Evangelium selbst, den Kern der Nuss erfasst zu haben und zu formulieren, der in den Schalen der reformatorischen Lehre gemeint ist.

Eine nicht naive Lesart der Unterscheidung von Evangelium und Lehre in der Konkordie hat 1996 Eilert Herms vorgeschlagen;[17] er rechnet mit einer Unterscheidung und Zuordnung zweier Verständnisse des Genetivs in ›Verständnis des Evangeliums‹: als genitivus auctoris (oder subjectivus) und als genitivus objectivus. Diese Unterscheidung relativiert die Lehre als die unverzichtbar sich einstellende Formulierung eines jeweils gegenwärtigen Verständnisses des Evangeliums; dieses lehrhafte Verständnis des Evangeliums – genitivus objectivus – ergibt sich selbst aus dem Verständnis des Evangeliums im Sinne des genitivus auctoris oder subjectivus: das durch das Evangelium selbst geweckte Verständnis. Das jedem Verstehen vorgegebene Evangelium ist die aktive Quelle dieser menschlichen Verstehensakte und selbst das eigentliche Einheitsfundament der Kirchengemeinschaft. Die Voraussetzung

---

[17] E. HERMS, ›Das gemeinsame Verständnis des Evangeliums‹. Das Ermöglichungs-, Verpflichtungs- und Ordnungsprinzip für Kirchengemeinschaft nach der Leuenberger Konkordie, in: DERS., Von der Glaubenseinheit zur Kirchengemeinschaft II, Marburg 2003, 563–584. Dies ist nur einer von einer Reihe von Beiträgen Herms' zum Thema. Dazu SLENCZKA, Theologie, 660–668; weitere Texte Herms': ebd. 660, Anm. 23.

der Kircheneinheit ist damit die Anerkennung, dass der Grund der Kirche nicht das Ergebnis menschlicher Verstehensbemühungen ist, die in der Lehre vorliegen. Die Kircheneinheit gründet vielmehr in dem jeder Lehre vorausliegenden Evangelium selbst, das sich im Vollzug der Verkündigung manifestiert und zu verstehen gibt. Die Unterscheidung des menschlichen Verstehens vom vorgegebenen, Verstehen eröffnenden Selbstvollzug des Evangeliums wäre dann die Grundlage der Kircheneinheit. Dies enthebt die Kirchen nicht der Aufgabe, den Reflex dieser Selbstvermittlung des Evangeliums in der vergangenen und gegenwärtigen Lehre der Kirche beständig neu auf seine Sachgemäßheit hin zu prüfen – und damit kann Herms eben auch die in der Leuenberger Konkordie vorgesehenen weiteren Dialoggänge in sein Interpretationsangebot integrieren.

2.3. Die Leuenberger Konkordie (Kapitel II) als (Lehr)Bekenntnis

Diese Vielfalt der Interpretationen der hermeneutischen Anliegen der Leuenberger Konkordie liegt natürlich daran, dass die Leuenberger Konkordie selbst hermeneutisch unklar ist; *Tuomo Mannermaa*[18] hat diese Unklarheit auf die Formel gebracht, dass das Konzept schwanke zwischen einer quantitativen – auf der Ebene des materialen Abgleichs der Lehre verorteten – und einem qualitativen – an der Rückführung der Lehre auf einen ihr vorausliegenden Grund orientierten – Einheitskonzept. Und das ist zutreffend, wenn man sich das erste

---

[18] T. MANNERMAA, Von Preußen nach Leuenberg, Hamburg 1981, dazu SLENCZKA, Theologie, 658 f.

Kapitel (I) der Konkordie näher ansieht, in dem die Verfasser sehr knapp über ihre hermeneutischen Grundlagen im Umgang mit den Differenzlehren Auskunft geben.

Entscheidend sind zwei Punkte, nämlich das Identifizieren der Gemeinsamkeiten im reformatorischen Aufbruch und die Beschreibung der Situation, die sich einstellt, wenn man des hermeneutischen Problems der Geschichtlichkeit ansichtig wird.

Zum ersten Punkt: Die Verfasser machen in LK 4 darauf aufmerksam, dass die reformatorische Theologie sich einer Erfahrung des Evangeliums verdankt, die die Reformatoren in den Gegensatz zu den zeitgenössischen kirchlichen Überlieferungen gestellt habe. Es werden dann faktisch die vier particulae exclusivae aufgenommen nicht als Elemente kirchlicher Lehre, sondern als Anerkennung dessen, dass das Wirken des göttlichen Wortes allen menschlichen Gegebenheiten überlegen sei. Also: am Grunde der Lehre liegt die Erfahrung des Evangeliums als an die Person Jesu geknüpfte Erfahrung der bedingungslosen Zuwendung Gottes zum Menschen – und darin sind sich die Reformatoren über die Differenzen hinweg einig.

Genau dies nimmt der zweite Abschnitt des Kapitel I (LK 5) auf, der nun unterscheidet zwischen dem »grundlegenden Zeugnis der reformatorischen Bekenntnisse« und den zeitbedingten Denkformen, in denen die kirchliche Lehre diese Einsicht formuliert. Im folgenden zweiten Kapitel (II) wird dann, wie gesagt, das gemeinsame Verständnis des Evangeliums dargestellt, das die heutigen Kirchen verbindet – und die Vermutung legt sich nahe, dass dies gemeinsame Verständnis des Evangeliums identisch sein soll mit dem, was nach LK 5 den reformatorischen Lehrbekenntnissen zugrunde liegt: die Erfahrung des Evangeliums. Dann würde in

Kapitel II das jeder historischen Formulierung vorgegebene Evangelium selbst ausgesprochen.

Das wäre hermeneutisch naiv, und das meinen die Verfasser nicht. Sie geben vielmehr einen Hinweis zum Verständnis der Abschnitte zum ›gemeinsamen Verständnis des Evangeliums‹, indem sie Folgendes voraussetzen: »Weil die Bekenntnisse das Evangelium als das lebendige Wort Gottes in Jesus Christus bezeugen, schließen sie den Weg zu dessen verbindlicher Weiterbezeugung nicht ab, sondern eröffnen ihn und fordern auf, ihn in der Freiheit des Glaubens zu gehen.« (LK 5)

Das ist ein programmatischer Satz: der Weg von der Erfahrung des Evangeliums – vom »lebendige[n] Wort Gottes in Jesus Christus« – zum Lehrbekenntnis ist in der Reformationszeit gegangen worden, und er kann auch heute in der Freiheit des Glaubens gegenüber den reformatorischen Lehrbekenntnissen gegangen werden. Das zweite Kapitel der Konkordie, in dem das gemeinsame Verständnis des Evangeliums und der Sakramente formuliert wird, ist der gegenwärtig vollzogene Weg von der gegenwärtigen Erfahrung des Evangeliums zur Lehrformulierung. Dies zweite Kapitel der Leuenberger Konkordie ist damit ein eigenes, material auf das Evangelium und dessen Vermittlungsinstanzen begrenztes Lehrbekenntnis und will das sein, und zwar ein Bekenntnis, das die beteiligten Vertreter der konfessionellen Traditionen auf der Basis ihrer gegenwärtigen *Erfahrung* des Evangeliums gemeinsam sprechen. Die normative Vorgabe sind dabei nicht die Bekenntnisse der Reformationszeit, sondern die gegenwärtige Erfahrung des Evangeliums und das Verstehen, den es auslöst. In II wird also die Erfahrung des Evangeliums, der die reformatorischen Bekenntnisse entsprungen sind und die sie in den gedanklichen Formen des

16. Jahrhunderts zur Sprache bringen, in der Gegenwart mit den Mitteln der Gegenwart ausgedrückt. Sowohl die reformatorischen Lehrbekenntnisse als auch die in Kapitel II vorgetragene Skizze der Rechtfertigungsbotschaft und des Sakramentsverständnisses sind Ausdruck der Erfahrung des Evangeliums, des Vorgangs, dass das Evangelium Glauben weckt.

Der Anspruch ist also durchaus der, dass das in Kapitel II vorgetragene Verstehen des Evangeliums genau die Erfahrung zur Sprache bringt, die das gemeinsame Fundament auch der reformatorischen Bekenntnisse ist. Und das bedeutet, dass die reformatorischen und das gegenwärtige Bekenntnis grundsätzlich miteinander kompatibel sind bzw. sich als kompatibel herausstellen müssen, weil sie dieselbe Erfahrung in wenn auch zeitbedingt unterschiedliche Worte fassen. Das bedeutet aber: die reformatorischen Bekenntnisse und das Verständnis des Evangeliums nach LK 6–16 (Kapitel II) sind funktional äquivalent.

3. Die Relativierung der reformatorischen Bekenntnisse und das gegenwärtige Bekenntnis

3.1. Noch einmal: die Frage nach dem Status von Kapitel II

Das Thema, um das die von mir herangezogenen Vorgänger und Interpreten der Leuenberger Konkordie herumkreisen und das die Leuenberger Konkordie selbst aufgibt, ist die Frage, wie diese Relativierung der Lehre zu verstehen ist – Relativierung nicht im Sinne einer Vergleichgültigung, sondern im Sinne der These, dass die Lehre bezogen ist auf ein mit ihr nicht identisches, sondern ihr vorausgehendes, eigentliches

Fundament der Kirche und dies Fundament zur Sprache bringt. Und das Thema ist zweitens die Frage, wie sich die Konsensformulierung der Konkordie (Kapitel II) zu diesem eigentlichen Fundament verhalten: will die Konsensformulierung selbst ›das Evangelium‹ sein? Oder sind diese Sätze eine ebenfalls zeitbedingte, lehrhafte Formulierung, die diese vorausgehende Erfahrung ausdrückt, von ihr aber zu unterscheiden ist?

3.2. Erfahrung und Lehre

Die entscheidende Einsicht ist die: die Leuenberger Konkordie unterscheidet zwischen einer religiösen Erfahrung und deren lehrhaften Fixierung. Und sie geht davon aus, dass dieser Weg von der Erfahrung zur Lehre in Freiheit gegenüber der Lehre der Vergangenheit auch in der Gegenwart gegangen werden kann und geht genau diesen Weg. Die Lehrartikel sind die selbstverständlich ihrerseits wieder zeitgebundenen Formulierungen dieser Erfahrung. Sie sind mit den reformatorischen Artikeln kompatibel und diese sind untereinander kompatibel, weil sie alle dieselbe Erfahrung in Worte fassen. Aber eben: nicht die Einheit der Lehre ist das Fundament der Einheit der Kirche, sondern die eine Erfahrung des Evangeliums, die sich durchaus in legitimer Vielfalt in den unterschiedlichen Bekenntnissen ausspricht und gegenwärtig ausgesprochen werden kann und muss.

3.3. Problemanzeige

Natürlich hat diese Hermeneutik ihre Probleme. Denn niemals formulieren Theologen unterschiedlicher Traditionen ein gemeinsames Verständnis des Abendmahls und der dadurch geweckten Erfahrung, beispielsweise, ohne in der Deutung dieser Erfahrung geprägt zu sein durch die Formeln der reformatorischen Bekenntnisse. Darum hat selbstverständlich gerade der Abendmahlsartikel in Kapitel II und III den Charakter, dass er nicht einfach eine Formulierung des Abendmahls findet, die die angeblich gemachte Erfahrung in gegenwärtiger Sprache wiederspiegelt, sondern die Formulierungen sind so gewählt, dass jede der beteiligten Konfessionen die eigene Lehrtradition in den Formeln wiederfinden kann. Da ist eben der Punkt, auf den Tuomo Mannermaa aufmerksam gemacht hat, an dem die qualitative Einheit in eine quantitative – jeder Gesprächspartner rettet möglichst viel von seinen Formeln – umschlägt.

3.4. Der Charakter der Erfahrung des Evangeliums

Es ist nicht zu bestreiten, dass diese Ambivalenz auch das Verhältnis von sprachlichem Ausdruck und der glaubenweckenden Evangeliumsverkündigung prägt, die die oben skizzierten Vorfeldveröffentlichungen vorstellen. Das kirchgründende Geschehen des Evangeliums ist eben keine Satzwahrheit, sondern das Ereignis, dass Sätze mit einem bestimmten Gehalt etwas am Hörenden auslösen. Die Versprachlichungen sind Versuche, diesen Gehalt zu definieren, was aber immer nur im Modus des Verweises auf diese nicht einholbare Wirkung möglich ist. Das liegt eben daran, dass das Evangelium nicht den Charakter einer Satzwahrheit hat, sondern den Charakter der Begegnung mit einer Person, die sich im in der hermeneutischen Theologie so genannten ›Sprachereignis‹ vergegenwärtigt. Diese am Hörer wirksame Selbstvergegenwärtigung einer Person als Zentrum des Evangeliums, d. h. der Botschaft von der Rechtfertigung des Sünders bringt die

Leuenberger Konkordie damit zur Sprache, dass sie das Evangelium als »die Botschaft von Jesus Christus, dem Heil der Welt« (LK 7) definiert und die folgende Skizze der Rechtfertigungsbotschaft als Entfaltung dieses Zentrums hinstellt. Die Vorgängigkeit des Evangeliumsgeschehens (in Hermsscher Diktion: des Verständnisses des Evangeliums als genitivus auctoris) vor der Formulierung dieses Evangeliums (des Verständnisses des Evangeliums als genitivus objectivus) ist die Vorgängigkeit der wirksam begegnenden Person vor ihrer Beschreibung. Dabei ist einzuräumen, dass es nur auf der Ebene des Verständnisses des Evangeliums im Sinne des genitivus subjectivus möglich ist, diese Person, ihre Wirkung und die Unterscheidung der Person von ihrer Beschreibung zu thematisieren, oder: die Formulierung der Vorgängigkeit des Evangeliumsgeschehens vor seiner Versprachlichung im Lehrbekenntnis ist selbst ein Ausdrucksakt, also Lehre oder ein Bekenntnis.

3.5. Die Leuenberger Konkordie als ›proleptisches‹ Bekenntnis

Damit ist aber ganz deutlich, dass die Formulierung des gemeinsamen Verständnisses des Evangeliums in Kapitel II der Leuenberger Konkordie selbst ein Bekenntnis ist. Darüber kann auch die Unvollständigkeit dieses auf die Rechtfertigungsbotschaft und auf das Verständnis der Heilsmittel begrenzten Bekenntnisses nicht hinwegtäuschen, denn dieses Bekenntnis ist als Vorgriff auf einen aktualisierenden Ausdruck des gemeinsamen Glaubens konzipiert; das ergibt sich nicht nur aus dem oben referierten Aufsatz Wenzel Lohffs, sondern eben auch aus der Konkordie selbst, die die verbleibenden Unterschiede nicht einfach als fortbestehende, aber nicht kirchentrennende Differenz rubriziert, sondern künftigen Gesprächen zur Bearbeitung aufgibt (LK 37–39).

Diese Einsicht stützt auch eines der jüngsten Dokumente der GEKE (Schrift – Bekenntnis – Kirche[19]), in dem am Ende des Abschnitts zur Bekenntnishermeneutik (7. Die Autorität der kirchlichen Bekenntnisse) zwar die Feststellung zitiert wird, dass die Leuenberger Konkordie kein eigenes Bekenntnis sei, aber eben den Unterzeichnerkirchen die Aufgabe gestellt wird, sich auf den Weg zu einem gemeinsamen Bekenntnis zu machen:

> »Die Leuenberger Konkordie versteht sich ›nicht als ein neues Bekenntnis‹ (LK 37). Es genügt allerdings nicht, bei der Beschreibung der GEKE als ›Gemeinschaft bekenntnisverschiedener Kirchen‹ stehen zu bleiben. Die Leuenberger Konkordie enthält die Verpflichtung der Signatarkirchen, sich bei unterschiedlichem Bekenntnisstand auf einen gemeinsamen ›Bekenntnisweg‹ zu machen. Insofern ist die Konkordie ›Weg-Weisung‹ an die Kirchen der GEKE, den Weg gemeinsamen aktuellen Bekennens zu gehen.«[20]

Auch hier wird, ganz im Sinne Wenzel Lohffs, die Formulierung des gemeinsamen Verständnisses des Evangeliums als Prolepse eines gemeinsamen Bekenntnisses interpretiert, das dann nichts anderes ist als die Vergegenwärtigung des Sachgehaltes der reformatorischen Bekenntnisse in der Gegenwart.

---

[19] M. BÜNKER (Hg), Schrift, Bekenntnis, Kirche. Ergebnis eines Lehrgesprächs der Gemeinschaft Evangelischer Kirchen in Europa, Leipzig 2013.
[20] Ebd. 39 f.

4. Zusammenfassung und Anfragen

4.1. Die Leuenberger Konkordie als ›Bekenntnis im Werden‹

Die Leuenberger Konkordie ist kein vollständiges Bekenntnis, wohl aber die bekenntnisartige Versprachlichung des Evangeliums als des kirchgründenden Zentrums des christlichen Glaubens nach reformatorischem Verständnis. Es ist dabei der Vorgriff auf ein künftiges gemeinsames Bekenntnis der reformatorischen Kirchen. Kurz: die Leuenberger Konkordie ist ein ›Bekenntnis im Werden‹. Das Verhältnis dieses proleptischen Bekenntnisses zu den fortgeltenden Bekenntnissen der Reformationszeit kann daher nur so verstanden werden, dass diese die geschichtlich authentische, nun aber vergangenen Reflex der Erfahrung des Evangeliums darstellen. Ihre Fortgeltung, so wird man vermuten dürfen, liegt darin, dass sie auf die Erfahrung des Evangeliums hinweisen – aber nicht in den Formulierungen im Einzelnen. Dies hermeneutische Programm stellt die Kirchen vor die Aufgabe, das gewonnene gemeinsame Verständnis des Evangeliums auszuformulieren zu einem gemeinsamen Bekenntnis, das in der Kontinuität der altkirchlichen und reformatorischen Bekenntnisse steht, sie nicht für ungültig erklärt, aber als gegenwärtige Formulierung desselben Glaubens an das Evangelium aktualisiert.

4.2. Anfragen

Wenn diese Interpretation der Bekenntnishermeneutik der Leuenberger Konkordie zutreffend ist, dann stehen nach diesem Konzept die Lehrbekenntnisse der Reformationszeit durchaus weiterhin in Geltung, freilich relativiert als historische Versprachlichungen der Erfahrung des Evangeliums von

Jesus Christus, der (immer wieder) rezente Versprachlichungen zur Seite treten werden und müssen, die dieselbe Erfahrung unter neuen geschichtlichen Bedingungen aussprechen.[21]

Man kann sich fragen, ob diese Unterscheidung von Sachgehalt und (historisch bedingtem) sprachlichen Ausdruck sehr weit führt – diesen Aspekt der Unterscheidung hat bereits Gerhard Ebeling im oben angezogenen Text problematisiert und Eilert Herms in besser gelungener Weise reformuliert.

Ich möchte die Aufmerksamkeit auf einen weiteren Punkt lenken. Nach meinem Dafürhalten haben die reformatorischen, gerade die lutherischen Bekenntnisse die Funktion, die in der Reformationszeit aufgegangene Erfahrung des Evangeliums als Schlüssel zur Schrift und damit als Anleitung zu einer Predigt und Sakramentsverwaltung festzuhalten, die die Bedingungslosigkeit der Zuwendung Gottes zur Geltung bringt und so Glauben – rückhaltloses Vertrauen – ermöglicht. Das habe ich begründet.[22] Die reformatorischen Bekenntnisse leiten zu dieser Schriftauslegung an, und sie müssen selbst von diesem Zentrum her verstanden und rezipiert werden. Diese Frage nach dem organisierenden Zentrum eines Textes oder eines Textkorpus ist nun aber der durchschnittliche Vorgang des Verstehens – sei es nun historischer, sei es rezenter Texte. Es ist möglich, das Zentrum alter Texte zu erfassen und zu erschließen, und dieser Vorgang des Verstehens ist grund-

---

[21] Hier hat diese Diskussion eine sachliche Verbindung zur Debatte um die Bekenntnisgrundlage der EKD – dazu SLENCZKA, Theologie, 674–686.
[22] Vgl. zu diesem bekenntnishermeneutischen Konzept: SLENCZKA, Theologie, zusammenfassend etwa: 257 f. oder 714–717. In Kurzform: N. SLENCZKA, Die Bekenntnisse der Reformationszeit – heute verbindlich? In: Luther 93 (2022), 170–183.

sätzlich auch bei neuen Texten notwendig und je nach Textgattung voraussetzungsreich.

Die Leuenberger Konkordie formuliert das die reformatorischen Bekenntnisse verbindende Zentrum und ordnet die Differenzlehren zu. Das ist das Ergebnis einer Bemühung um das Verstehen der Einheit eines vielstimmigen Textkorpus, und das ist ihre Leistung.

Die Konkordie deutet weitergehend das Ergebnis als ›Bekenntnis im Werden‹. Ich kann nicht so richtig verstehen, warum nun neben diese reformatorischen Bekenntnisse ein gegenwärtiger, aktualisierender Bekenntnistext treten muss. Dass die reformatorischen Bekenntnisse des 16. Jahrhunderts ein gemeinsames Zentrum haben, das sie in unterschiedlicher, aber wechselseitig kompatibler Weise profilieren, kann diesen Texten entnommen werden, und diese Aufgabe nimmt die Leuenberger Konkordie wahr. Die Aufgabe, vor die die reformatorischen Bekenntnisse dann stellen, ist nicht das Einlösen des Programms, den in Kapitel II vorliegenden Vorgriff auf das Bekenntnis nun mit dem konsensuellen Formulieren eines gemeinsamen Lehrbekenntnisses einzulösen. Die Aufgabe ist vielmehr die Umsetzung der in den reformatorischen Bekenntnissen vorgezeichneten Schriftauslegung und Predigt. Die reformatorischen Bekenntnisse leiten nicht zum Verfassen neuer Bekenntnisse an, mit denen niemand etwas anfangen kann, sondern zum Verfassen und Halten von Predigten und zur Verwaltung der weiteren Kommunikationsvollzüge, die das ermöglichen, was nach CA 7 das Wesen der Kirche ist: rückhaltlosen Glauben. Lebensvertrauen.[23] Bekenntnisse verfasst man, wenn Abgrenzungen und Klarstellungen notwen-

---

[23] SLENCZKA, Theologie, 227 f. u. ö. Zu CA 7: 207–212.

dig werden, für die die traditionellen Bekenntnisse keine oder eine unzureichende Handhabe geben – das war mit der Barmer Theologischen Erklärung der Fall, die das Verhältnis der protestantischen Kirchen zur Verführungskraft religionsartiger Weltanschauungen geklärt hat. Genau darum sollte sie als Bekenntnisschrift in allen Kirchen rezipiert werden. Aber darüber hinaus ist die Aufgabe, vor die die Bekenntnisse stellen, die Schriftauslegung und Predigt, die vielstimmige wissenschaftliche Rechenschaft über den Glauben und die ihm entspringende Lebensorientierung. Und nicht das Schreiben weiterer Bekenntnisse.

Die Leuenberger Konkordie will ein Bekenntnis im Werden sein und ein erster Schritt auf einen Weg zu einem gemeinsamen Bekenntnis. Dieses Projekt ist überflüssig. Es ist sinnvoll, die Konkordie als Formulierung der Einheit der reformatorischen Bekenntnisse zu rezipieren, und das darüber hinausführende Programm eines gemeinsamen Lehrbekenntnisses nicht weiter zu verfolgen. Es gibt die genannten wichtigeren Aufgaben der Glauben weckenden Predigt und Sakramentsverwaltung, zu denen die reformatorischen Bekenntnisse anhalten.

Christine Axt-Piscalar

Ist die Leuenberger Konkordie ein Bekenntnis?[1]

Die Frage, die mir als Titel meines Beitrags zugewiesen wurde, ist m. E. eindeutig zu beantworten: Nein, die Leuenberger Konkordie ist kein Bekenntnis.

1. Dies ist in geschichtlicher Perspektive vor dem Hintergrund der Entwicklung der Gespräche auf dem Weg zur Leuenberger Konkordie zu sagen. In diesem Prozess wurde immer mal wieder auf die ekklesiologische Gattung des anzustrebenden Textes reflektiert und von Vertretern lutherischer wie reformierter Kirchen festgestellt, dass der anzustrebende Text kein Bekenntnis sein solle, man vielmehr betont und bewusst auf eine Konkordie der Kirchen verschiedenen Bekenntnisstandes hinauswolle.[2]

Insbesondere für die Vertreter der lutherischen Kirchen ist zu sagen, dass sie der Konkordie wohl nicht zugestimmt

---

[1] Erstveröffentlichung des Beitrags, der als Vortrag auf einer Tagung zur Leuenberger Konkordie des konfessionskundlichen Instituts in Bensheim gehalten wurde: 50 Jahre Leuenberg. Eine europäische Konkordie in konfessionskundlicher Perspektive, in: MdKI 74 (2023/3), 124–129.

[2] Zur Entwicklung der Lehrgespräche bis zur Leuenberger Konkordie vgl. JAN-PHILIPP BEHR, Kirchengemeinschaft als produktiver Streit. Genese, systematisch-theologische Reflexion und Programm der Leuenberger Konkordie, ASyTh 16, Leipzig 2020; ferner JAN GROSS, Pluralität als Herausforderung. Die Leuenberger Konkordie als Vermittlungsmodell reformatorischer Kirchen in Europa, FSÖTh 162, Göttingen 2018.

hätten, wenn sie als Bekenntnis hätte rangieren sollen. Und dies gilt bis auf den heutigen Tag. Dies hat mit dem spezifischen Verständnis von Bekenntnisschriften in der lutherischen Kirche zu tun, genauer mit der für die lutherischen Bekenntnisschriften beanspruchten Geltung, ihrer ›Abgeschlossenheit‹ mit dem Konkordienbuch, dem in den Bekenntnisschriften zum Zuge gebrachten gestuften Normengefüge – Jesus Christus, Heilige Schrift, altkirchliche Symbola, lutherische Bekenntnisschriften – und dem darin ausgedrückten Selbstverständnis der lutherischen Bekenntnisschriften und ihrer damit verbundenen kirchenordnenden Funktion.[3] Vor diesem Hintergrund bedarf das, was als neue kirchliche Lehrtexte zu stehen kommen soll, einer entsprechenden Begründung, die das gestufte Normengefüge und darin den spezifischen Geltungsanspruch der Bekenntnisschriften berücksichtigt.

Der GEKE-Lehrgesprächstext »Schrift – Bekenntnis – Kirche« hebt die Differenz im Verständnis des Bekenntnisses zwischen lutherischen und reformierten Kirchen entsprechend hervor:

»Auch im Blick auf die bleibend geltende Autorität der Bekenntnisschriften für das Leben der Kirche bestehen zwi-

---

[3] Die Bedeutung des Normengefüges für das Verständnis und die Funktion der Bekenntnisschriften wäre noch näher zu erläutern, was in unserem Zusammenhang nicht möglich ist. Betont sei das Zentrale: Die kirchenordnende Funktion der Bekenntnisschriften, nach denen alle Vollzüge der Kirche ausgerichtet werden sollen, hat darin ihren Geltungsanspruch, dass sie die Vollzüge der Kirche auf das Evangelium hin ausrichten, wie es durch die Rechtfertigungsbotschaft als Ausdruck des trinitarischen Heilsglaubens von den Vätern der Bekenntnisschriften im Anschluss an Luther wiedererkannt und für das Selbstverständnis der Kirche zum Zug gebracht wurde.

schen den Kirchen der GEKE unterschiedliche Auffassungen. Während in der lutherischen Tradition die Bekenntnisse des 16. Jahrhunderts bleibende und kirchenordnende Funktion besitzt, betonen die reformierten Kirchen stärker die Situationsbedingtheit ihrer Bekenntnisse.«[4]

2. Dass die Leuenberger Konkordie kein Bekenntnis ist und kein Bekenntnis sein will, entspricht sodann dem im Text selbst ausgedrückten Selbstverständnis. So wird in Nr. 37 ausdrücklich gesagt: »Die Konkordie lässt die verpflichtende Geltung der Bekenntnisse in den beteiligten Kirchen bestehen. Sie versteht sich nicht als ein neues Bekenntnis.« Und in Nr. 30 wird betont, dass die Signatarkirchen Kirchengemeinschaft erklären »in der Bindung an die sie verpflichtenden Bekenntnisse oder unter Berücksichtigung ihrer Traditionen«.[5]

Grundlage der Erklärung von Kirchengemeinschaft ist die Übereinstimmung im Verständnis des reinen Evangeliums und der stiftungsgemäßen Verwaltung der Sakramente, die nach Confessio Augustana Art. VII für die Einheit der Kirche notwendig und hinreichend ist. Die Übereinstimmung im Verständnis des Evangeliums hat ihren primären »Sitz im Leben« im Gottesdienst der Kirchen; diese Übereinstimmung ist auch lehrmäßig zu entfalten,[6] wie die Leuenberger Konkordie

---

[4] MICHAEL BÜNKER (Hg.), Schrift – Bekenntnis – Kirche. LeuT 14, Leipzig 2013, 37.

[5] Vgl. auch die Bekräftigung in: MARIO FISCHER und MARTIN FRIEDRICH (Hg.), Kirchengemeinschaft. Grundlagen und Perspektiven, LeuT 16, Leipzig 2019, Nr. 49, bes. Nr. 69 und Nr. 71.

[6] A. a. O., Nr. 48: »Die Übereinstimmung im Glauben an das Evangelium wird in der Rechtfertigungslehre expliziert (vgl. LK 8). Die Gemeinschaft im Glauben entsteht jedoch nicht durch Lehraussagen, sondern durch die gottesdienstliche Verkündigung des Evangeliums in Wort und Sakrament,

dies vorzeichnet, um im Kern zur Geltung zu bringen, dass »die Kirche [...] allein auf Jesus Christus gegründet [ist], der sie durch die Zuwendung seines Heils in der Verkündigung und in den Sakramenten sammelt und sendet« (Nr. 2). Daran anschließend wird indirekt CA VII zitiert und das Gesagte damit noch einmal präzisiert: Es geht um »die Übereinstimmung in der rechten Lehre des Evangeliums und in der rechten Verwaltung der Sakramente« (Nr. 2), die der Erklärung von Kirchengemeinschaft unter Kirchen verschiedenen Bekenntnisstandes (vgl. Nr. 29, Nr. 37) zugrunde liegt.

Diese Übereinstimmung im Verständnis des Evangeliums und der stiftungsgemäßen Verwaltung der Sakramente ist notwendig für die Erklärung von Kirchengemeinschaft; und sie ist als solche auch hinreichend für die Erklärung von Kirchengemeinschaft, womit das *satis est*[7] von CA VII aufgenommen ist.

---

in der sich Jesus Christus in der Kraft des Geistes Gottes selbst vergegenwärtigt. Auch wenn die Übereinstimmung im Verständnis des Evangeliums nicht durch Lehraussagen geschaffen wird, bedarf sie doch der lehrmäßigen Entfaltung und Vergewisserung.«

[7] Das *satis est* von CA VII ist kein ›Minimalkonsens‹, wie gerne einmal behauptet wird. Denn in der reinen Evangeliumsverkündigung und der rechten Verwaltung der Sakramente, in denen Jesus Christus sich in der Kraft des Heiligen Geistes vergegenwärtigt und sich selbst schenkt, ist das ordinationsgebundene Amt unabdingbar mitgesetzt: Es ist Dienst (ministerium) an Wort und Sakrament, als solches von Christus eingesetzt, konstitutiv für das Kirchesein der Kirche und wird durch Ordination unter Handauflegung und Gebet übertragen (CA V und CA XIV). Ebenso ist die Notwendigkeit des episkopalen Dienstes als Dienst an der Einheit der Kirche festgehalten (CA XXVIII). So sagen es die Bekenntnisschriften der lutherischen Kirche. So heißt es auch in den Lehrgesprächstexten der GEKE, insbesondere in »Die Kirche Jesu Christi« und in »Amt, Ordination, Epis-

3. Die Auffassung, wonach die Leuenberger Konkordie selbst kein Bekenntnis ist und sie die Bindungen der Signatarkirchen an die jeweiligen reformatorischen Bekenntnisse nicht einebnet, sondern achtet, wird von der GEKE in den aus den Lehrgesprächen hervorgegangen Folgetexten entsprechend wiederholt. So im Lehrgesprächstext »Schrift – Bekenntnis – Kirche« sowie auch im Lehrgesprächstext »Kirchengemeinschaft. Grundlagen und Perspektiven« (vgl. Nr. 69, mit Verweis auf LK 37; Nr. 91).

Dass in den besagten Lehrgesprächstexten zudem das die Signatarkirchen verpflichtende Bestreben formuliert ist, »den Weg gemeinsamen aktuellen Bekennens zu gehen«[8], und darin offenbar ein anzustrebender Schritt im Prozess einer weiteren Verwirklichung von Kirchengemeinschaft gesehen wird, ist im Folgenden noch einmal aufzunehmen.

4. Wir halten aus geschichtlicher Perspektive – vom Entstehungsprozess der Konkordie her gesehen und aus dem Selbstverständnis, das die Leuenberger Konkordie selbst vorgibt – fest: Die Konkordie ist kein Bekenntnis. Sie ist dezidiert nicht als ein gleichsam übergeordnetes Unionsbekenntnis der Signatarkirchen zu verstehen. Wer solches meint,

---

kopé«. Übereinstimmender Grundsatz für die Kirchengemeinschaft in der GEKE ist, dass es das ordinationsgebundene Amt und die Episkopé geben muss, dass die konkrete Gestaltung des Amtes der Kirche jedoch nicht in zeitinvarianter Weise gegeben ist. Eine bestimmte konkrete Gestalt – es geht in den ökumenischen Gesprächen hierbei vor allem um das (historische) Bischofsamt – kann als Zeichen gewürdigt werden, dieses wird jedoch nicht als notwendiges Kriterium zur Erklärung von Kirchengemeinschaft angesehen.

[8] MICHAEL BÜNKER (Hg.), Schrift – Bekenntnis – Kirche (s. Anm. 4), 40.

verfehlt den ekklesiologischen Grundsinn der Leuenberger Konkordie.

5. Auf diesen ekklesiologischen Grundsinn ist nun eigens systematisch-theologisch zu reflektieren. Denn man könnte ja sagen, dass die historischen Entstehungsbedingungen der Leuenberger Konkordie, dass der ursprünglich gemeinte Sinn des Textes selbst nicht letztinstanzlich auschlaggebend ist und sein müsste für das Verständnis des Textes in seiner Rezeption. Gegen eine solche Argumentation hilft die systematisch-theologische Reflexion auf die ekklesiologische Bedeutung des Sachverhalts, dass die Leuenberger Konkordie kein Bekenntnis sein will und kein Bekenntnis ist.

Dazu sei betont: Die eigentümliche Besonderheit des Modells der Leuenberger Konkordie von Kirchengemeinschaft besteht darin, dass sie Kirchengemeinschaft von Kirchen »unterschiedlichen Bekenntnisstandes« ermöglicht. Sie zeichnet damit eine Einheit von Kirchen als Kirchengemeinschaft vor, welche die konfessionellen Unterschiede gerade nicht einebnet, sondern sie als legitimen, will heißen evangeliumsgemäßen Ausdruck von Vielfalt in der Einheit versteht. Sie gestaltet die Pluralität evangelischen Christentums, indem sie die Vielfalt von Kirchen unterschiedlichen Bekenntnisstandes als legitimen Ausdruck der Einheit der Kirche Jesu Christi auf Erden begreift und sie als solche – als Einheit in Anerkennung der Vielfalt – gestaltet, fördert und darstellt.

6. Es sei – im ökumenischen Kontext – sogleich betont:

Erstens: Diese Vielfalt in der Einheit ist keine ›anything-goes-Buntheit‹; und sie ist auch kein bloß plurales Nebeneinander von Reihenhäusern. Die Vielfalt in der Einheit unterliegt Kriterien. Diese sind mit der Unterzeichnung der Leuenberger Konkordie gesetzt, wobei wir die beiden Lehrgesprächstexte über das Amt – vor allem »Die Kirche Jesu

Christi«[9] sowie »Amt, Ordination, Episkopé«[10] – hinzunehmen, denen zur Erfassung der Ekklesiologie und des Selbstverständnisses der GEKE sowie im ökumenischen Diskurs eine besondere Bedeutung zukommt.[11] Damit diese, um die Bedeutung des Amtes ergänzte, konkrete Bestimmtheit der Vielfalt in der Einheit zum Ausdruck kommt, gebrauche ich selbst zur Kennzeichnung des Modells der Kirchengemeinschaft nach der Leuenberger Konkordie die Formulierung *Einheit in gestalteter Vielfalt*[12] – neben der von der *versöhnten Verschiedenheit*.

Zweite Bemerkung zur Vielfalt: In der Einheit der Kirchengemeinschaft nach dem Modell der Leuenberger Konkordie wird die Vielfalt und also die jeweiligen Kirchen unterschiedlichen Bekenntnisstandes in ihrem Anderssein[13] anerkannt.

---

[9] MICHAEL BÜNKER und MARTIN FRIEDRICH (Hg.), Die Kirche Jesu Christi. Der reformatorische Beitrag zum ökumenischen Dialog über die kirchliche Einheit, 5. Aufl., LeuT 1, Leipzig 2018.

[10] MICHAEL BÜNKER und MARTIN FRIEDRICH (Hg.), Amt, Ordination, Episkopé und theologische Ausbildung. LeuT 13, Leipzig 2013.

[11] Nebenbei sei angemerkt, dass es wichtig wäre, den Status der Lehrgesprächstexte für die lehrmäßige Entfaltung des ekklesialen Selbstverständnisses der GEKE noch genauer zu klären.·

[12] Vgl. CHRISTINE AXT-PISCALAR, Einheit in gestalteter Vielfalt. 500 Jahre Reformation und die Frage nach der ökumenischen Zielvorstellung für die Einheit der Kirche, in: ZEvKR 63 (2018/2), 111-130.

[13] Vgl. ANDRÉ BIRMELÉ, Kirchengemeinschaft. Von der Leuenberger Konkordie zur Gemeinschaft evangelischer Kirchen in Europa (GEKE), in: MICHAEL BÜNKER und BERND JAEGER (Hg.), 1973-2013. 40 Jahre Leuenberger Konkordie, Dokumentationsband zum Jubiläumsjahr 2013 der Gemeinschaft Evangelischer Kirchen in Europa, Wien 2014, 227-255, hier: 249; der mit Recht festhält: »Unüblich ist insbesondere die Rezeption des ›anderen‹ in seinem Anderssein. Der entscheidende Akt der ökumenischen Rezeption ist die gegenseitige Anerkennung, die Annahme der anderen

Die Eigenständigkeit der Kirchen mit unterschiedlichem Bekenntnisstand in ihrem »Anderssein«[14] wird nicht nur berücksichtigt, sondern sie ist gewollt; sie ist – unter der Bedingung der Übereinstimmung in der reinen Evangeliumsverkündigung und der rechten Sakramentsverwaltung – anerkannt als Ausdruck legitimer, evangeliumsgemäßer[15] Vielfalt der einen Kirche Jesu Christi auf Erden.

7. Daraus ergibt sich für das ekklesiologische Selbstverständnis und die ekklesiale Aufgabe der GEKE: Sie hat in der Wahrnehmung ihrer Gestaltung und in der Vertiefung der Kirchengemeinschaft die Wahrung, Darstellung und auch Förderung des Andersseins des anderen – der Vielfalt evangelischen Christentums – zu sehen. Darin liegt bleibend ihr ekklesiologisches Selbstverständnis und ihre ekklesiale Aufgabe. Dies ist die ekklesiologische Pointe des Modells von Kirchengemeinschaft nach der Leuenberger Konkordie.

8. Mit dieser Bestimmung der ekklesiologischen Aufgabe der GEKE ist implizit eine kritische Note gesetzt gegenüber Bestrebungen im Kontext der GEKE hin zu einer größeren Vereinheitlichung sowohl organisatorischer Art als auch ekklesiologischer Art. Wenn ich den Text zur Kirchengemeinschaft

---

Kirche als anderer, aber legitimer und authentischer Ausdruck der einen Kirche Jesu Christi.«

[14] Vgl. MARIO FISCHER und MARTIN FRIEDRICH (Hg.), Kirchengemeinschaft (s. Anm. 5), Nr. 66, 69, 78, 85.

[15] Folglich liegt in der Evangeliumsgemäßheit der Maßstab der Vielfalt. Die GEKE setzt diese Einsicht in der Folge im Blick auf die Amtsthematik um, indem sie betont, dass die Vielfalt »Grenzen« habe (vgl. MICHAEL BÜNKER und MARTIN FRIEDRICH (Hg.), Amt, Ordination, Episkopé und theologische Ausbildung (s. Anm. 10), Nr. 14, 108 ff.). Das wird im Blick auf die Frage der Gestalt des Amtes sowie der Strukturen der Kirchen geltend gemacht.

richtig gelesen habe, dann zeichneten sich in den Gesprächen der GEKE dazu zwei Tendenzen ab; eine, die auf stärkere Vereinheitlichung drängt, und eine, die auf die Wahrung, Förderung und Darstellung der Vielfalt in der Einheit als ekklesiologischer Aufgabe der GEKE (sowie der Lehrgesprächsprozesse) abstellt. Die die Vielfalt in der Einheit anerkennende Tendenz hat im Text zur Kirchengemeinschaft ein gewisses Gewicht behaupten können. Gleichwohl heißt es doch auch und mit Nachdruck: Die Signatarkirchen dürften »nicht bei der Beschreibung der GEKE als ›Gemeinschaft bekenntnisverschiedener Kirchen‹ stehen [...] bleiben«. Die Leuenberger Konkordie enthalte »die Verpflichtung der Signatarkirchen, sich bei unterschiedlichem Bekenntnisstand auf einen gemeinsamen ›Bekenntnisweg‹ zu machen«[16]. Darauf ist noch einmal zurückzukommen.

9. Wir halten als ekklesiologisch grundlegend für das Verständnis der Leuenberger Konkordie fest: Um eine solche Kirchengemeinschaft – als Einheit von Kirchen verschiedenen Bekenntnisstandes – zu ermöglichen und sie als Einheit in gestalteter Vielfalt zu leben, darf die Leuenberger Konkordie nachgerade kein gleichsam übergeordnetes Unionsbekenntnis sein. Sie verfehlte damit das Spezifische des ihr eigentümlichen Modells von Kirchengemeinschaft als Gemeinschaft von Kirchen verschiedenen Bekenntnisstandes, das als Einheit in gestalteter Vielfalt gelebt wird.

10. Dieses von der Leuenberger Konkordie vorgezeichnete Modell von Kirchengemeinschaft als Einheit in gestalteter

---

[16] MICHAEL BÜNKER (Hg.), Schrift – Bekenntnis – Kirche (s. Anm. 4), 39 ff.; vgl. insgesamt 39–41, wo mehrfach von der Verpflichtung »gemeinsamen Bekennens« gesprochen wird.

Vielfalt ist auch für die nichtevangelische Ökumene von zentraler Bedeutung: Denn das ökumenische Modell von Einheit der Kirche Jesu Christi auf Erden kann nur ein solches sein, das die Eigenständigkeit und jeweilige Besonderheit von Kirchen (griechisch gesprochen: die Autokephalie der Kirchen) in der Kirchengemeinschaft anerkennt und wahrt – ein Modell also, mit dem eine wie auch immer geartete »Rückkehrökumene«oder »Wiedereingliederungsökumene« ausgeschlossen ist. Die Einheit der Kirche Jesu Christi auf Erden ist als Kirchengemeinschaft (communio ecclesiarum) und als Einheit in Vielfalt unter Anerkennung der Eigentümlichkeit der Kirchen zu gestalten. Einer Eigentümlichkeit, um es nochmals zu betonen, die bestimmten Kriterien unterliegt.

Das Modell von Kirchengemeinschaft nach der Leuenberger Konkordie steht für ein solches ökumenisches Modell von »Einheit der Kirche in gestalteter Vielfalt«. Es sei in unserem Zusammenhang nur kurz ergänzt, dass u. E. die katholische Kirche, die durchaus auch jetzt bereits mit Vielfalt umgeht und umzugehen hat – und zwar nicht nur nach innen hin, also innerkatholisch, sondern auch im Verhältnis zu den orientalischen und orthodoxen Kirchen –, dieses Modell von Kirchengemeinschaft (communio sanctorum) durchaus auch wollen kann[17] bzw. wollen können müsste.

11. Für das Verständnis der Leuenberger Konkordie und das Selbstverständnis der GEKE als Gemeinschaft von Kirchen verschiedenen Bekenntnisstandes, so dass sie als »in und durch Christus als Haupt geeinte Gemeinschaft von Gemeinschaften

---

[17] Vgl. dazu JOSEF FREITAG, Einheit und/oder Kirchengemeinschaft? In: Cath(M) 76 (2022/2), 106–116.

und [...] darin eine Kirche [sind]«[18] bzw. dass sie »gemeinsam Kirche sind«[19], ist im ökumenischen Dialog innerevangelisch und besonders auch mit der Orthodoxie und der römisch-katholischen Kirche zudem eigens zu betonen: Die Leuenberger Konkordie entspricht in der Auslegung ihres ekklesiologischen Selbstverständnisses hermeneutisch folgendem in sich gestuften Grundsatz:

Grund und Herr der Kirche ist Jesus Christus, der sich in den Vollzügen der reinen Verkündigung des Evangeliums und der rechten Verwaltung der Sakramente selbst vergegenwärtig und sich schenkt, so Glauben weckt und seine Kirche als Leib Christi auferbaut, sammelt und sendet. Die altkirchlichen Symbola werden affirmiert als Ausdruck des »mit der ganzen Christenheit [...] ausgesprochene[n] Bekenntnis[ses] zum dreieinigen Gott und der Gott-Menschheit Jesu Christi« (Nr. 4), so dass für das eigene Selbstverständnis der GEKE betont wird: »Wir [stellen] uns auf den Boden der altkirchlichen Symbole« (Nr. 12, vgl. Nr. 4). Die reformatorischen Bekenntnisse werden als Ausdruck des in der Reformationszeit wiedergewonnenen Evangeliums verstanden. Dieses in der Reformationszeit wiedergewonnene Evangelium ist bestimmt durch die »Überzeugung [...], dass die ausschließliche Heilsmittlerschaft Jesu Christi die Mitte der Schrift und die Rechtfertigungsbotschaft als die Botschaft von der freien Gnade Gottes Maßstab aller Verkündigung der Kirche ist« (Nr. 12).

In diese hermeneutisch wohl geordnete vorgezeichnete Bestimmung von evangeliumsgemäßer Kirche, wie sie für die

---

[18] MARIO FISCHER und MARTIN FRIEDRICH (Hg.), Kirchengemeinschaft (s. Anm. 5), Nr. 56.
[19] A. a. O., Nr. 90.

reformatorischen Kirchen des 16. Jahrhunderts prägend ist, ordnet sich die Leuenberger Konkordie ein, indem sie sich in bestimmter Weise diesem Normengefüge unterordnet; sie tut dies in der Bindung an die reformatorischen Bekenntnisse und indem sie selbst gerade kein Bekenntnis und schon gar kein Unionsbekenntnis ist.

Die Leuenberger Konkordie betont in der Folge für die Kirchen der GEKE: dass »sie gemeinsam an der einen Kirche Jesu Christi teilhaben« (Nr. 34),[20] also in der einen katholischen Kirche stehen, die im apostolischen Glaubensbekenntnis bekannt wird.

12. Was heißt nun aber vor diesem Hintergrund: »Sie [i. e. die GEKE-Signatarkirchen] behalten ihre Selbständigkeit. Sie verpflichten sich aber zur Fortentwicklung des Weges gemeinsamen Bekennens.«[21] Der Lehrgesprächstext »Schrift – Bekenntnis – Kirche« knüpft damit an Nr. 5 der Leuenberger Konkordie an, wo es heißt: »Weil die Bekenntnisse das Evangelium [...] bezeugen, schließen sie den Weg zu dessen verbindlicher Weiterbezeugung nicht ab, sondern eröffnen ihn und fordern auf, ihn in der Freiheit des Glaubens zu gehen.« Auch die in der Leuenberger Konkordie festgehaltene Verpflichtung zum Lehrgespräch in Sachen Schrift, Bekenntnis

---

[20] Vgl. zur entsprechenden Argumentation für die EKD als Kirche: CHRISTINE AXT-PISCALAR, Einheit in gestalteter Vielfalt. Zur ekklesialen Aufgabe der EKD in der Gemeinschaft der Gliedkirchen und konfessionellen Bünde, in: WERNER KLÄN und BERND OBERDORFER (Hg.), Bekenntnisbildung und Bekenntnisbindung. Bestimmung und Geltung von abgeleiteten Grundsätzen im Normengefüge lutherischer Kirchen, OUH.E 22, Göttingen 2019, 120–129.

[21] Vgl. MICHAEL BÜNKER (Hg.), Schrift – Bekenntnis – Kirche (s. Anm. 4), 41.

und Kirche fordert eine vertiefende Klärung in dieser Frage ein (vgl. LK Nr. 39). Welche Klärung zeichnet sich diesbezüglich in den Lehrgesprächstexten ab?

Der Lehrgesprächstext »Schrift – Bekenntnis – Kirche« und auch der zur Kirchengemeinschaft arbeiten – die unterschiedlichen Verständnisse von Bekenntnis in den lutherischen und reformierten Kirchen berücksichtigend und sie integrierend – mit einem vielfältigen Begriff des Bekennens. Wenn man kritisch sein wollte, könnte man sagen, der vielfältige Gebrauch des Begriffs ist vielleicht nicht ganz hinreichend klar und geordnet.

Der Text Kirchengemeinschaft ist davon geleitet, die GEKE als Kirche aussagen zu können. Er verfolgt in diesem Zusammenhang das Interesse sagen zu können, Kirche ist Bekenntnisgemeinschaft. In welchem Sinn ist das gemeint? Dass Kirche Gottesdienstgemeinschaft und als Gottesdienstgemeinschaft Bekenntnisgemeinschaft ist, ist unbestritten (s. o. *Kirchengemeinschaft*, Nr. 93). Von diesem liturgischen Verständnis des Bekenntnisses nicht zu trennen, wohl aber zu unterscheiden, ist das Verständnis von Bekenntnis, das durch die »Bekenntnisstände« der reformatorischen Kirchen bestimmt ist. Dazu heißt es in Nr. 69 des Textes *Kirchengemeinschaft*: »In der Bindung an verschiedene Bekenntnisstände ist die GEKE Bekenntnisgemeinschaft.« Im Hintergrund steht hier der Gedanke, dass die GEKE an den Bekenntnisständen der Signatarkirchen partizipiert und insofern Bekenntnisgemeinschaft ist.

Von diesem Verständnis von Bekenntnis und Bekenntnisgemeinschaft offenbar noch einmal unterschieden ist das »aktuelle Bekennen«, zu dem sich die Kirchen der GEKE »auf den gemeinsamen Weg machen sollen«. Im Blick auf diese Aussage kommen nun einige Fragen auf:

Soll auf diesem Weg des aktuellen Bekennens die Bekenntnisstände-Gebundenheit doch überwunden werden? Man könnte »Schrift – Bekenntnis – Kirche« so lesen, wo es heißt, es genüge nicht, bei der Beschreibung der GEKE als Gemeinschaft bekenntnisverschiedener Kirchen »stehen zu bleiben«[22]. Diese Formulierung des »Stehenbleibens«, sollte sie pejorativ gemeint sein, würde die hohe kirchenleitende Kunst und ekklesiale Aufgabe, die der GEKE in der Wahrung, Gestaltung und Darstellung der Einheit in der Vielfalt gestellt ist, verkennen, die wir oben (Abs. 7) herausgestellt haben. Nach dem Selbstverständnis der Konkordie kann dies mithin nicht gemeint sein; gemeint kann nur sein, dass die Kirchen der GEKE ihre Kirchengemeinschaft in Leben, Lehre und Dienst der Kirchen vertiefen und sie bezeugen.

Soll vielleicht gar auf ein allererst noch zu vollziehendes übergeordnetes explizites Lehrbekenntnis als Ausdruck der Einheit des Bekennens abgestellt sein? Die Studie *Kirchengemeinschaft* schließt dies ausdrücklich und mit Recht aus, wenn es heißt, dass es in der theologischen Weiterarbeit »nicht um das Bemühen um die Erarbeitung einer gemeinsamen Bekenntnisschrift, sondern um die stete Verifikation der Grundverbindlichkeit [gehe], die in der gemeinsamen Feier von Wort und Sakrament zum Ausdruck kommt«[23].

In welchem Sinn ist dann aber ein »aktuelles Bekennen« intendiert, das offenbar über das Bekennen in leiturgia, martyria und diakonia hinausgehen soll? In diesem Fall wären Auskünfte darüber nötig, wann ein solches »aktuelles Beken-

---

[22] MICHAEL BÜNKER (Hg.), Schrift – Bekenntnis – Kirche (s. Anm. 4), 39.
[23] MARIO FISCHER und MARTIN FRIEDRICH (Hg.), Kirchengemeinschaft (s. Anm. 5), Nr. 71.

nen«der Kirche als Ganzer aufgeboten werden soll oder gar muss und welchen Kriterien dieses »aktuelle Bekennen« der Kirche als Ganzer unterliegt.

Natürlich sind dies Letztere Rückfragen, die auf einem lutherisch geprägten Verständnis von Bekenntnis der Kirche aufruhen. Sie sind indes auch zu stellen vor dem Hintergrund der Diskussionen, die im 20. Jahrhundert um den »status confessionis« geführt wurden.[24] Sie zielen prinzipiell auf die Frage nach der »Situation« und den Kriterien, die für ein solches »aktuelles Bekennen« der Kirche als Ganzer gegeben sein müssen. Diese Rückfragen sollten zumindest im Blick sein, wenn vom »aktuellen Bekennen« – offenbar dezidiert im Unterschied zum Bezeugen gebraucht – so prononciert gesprochen wird; und sie kommen noch einmal gesteigert auf, wenn mit dem »aktuellen Bekennen« auf ethische Themen abgestellt werden soll.

Wie dem auch des Näheren sei, der vorliegende Beitrag zielte nicht primär auf die unterschiedlichen Dimensionen im Verständnis von Bekenntnis. Er zielte auf die ekklesiologische Bedeutung der Leuenberger Konkordie, auf das damit verknüpfte Selbstverständnis der GEKE und ihre damit verbundene ekklesiale Aufgabe: Sie hat die Anerkennung der Vielfalt in der Einheit der Kirchengemeinschaft zu achten, zu wahren, zu gestalten und darzustellen und gleichschaltenden Tendenzen zu wehren, welche die Vielfalt in der Einheit nivellierend aufheben und einebnen würden.

---

[24] Vgl. dazu die Dissertation von NIKOLAS KEITEL, Ein Nein ohne jedes Ja? Der Streit um den status confessionis im 20. Jahrhundert, Religion in der Bundesrepublik Deutschland 16, Tübingen 2022.

Anhang

Zu diesem Band haben beigetragen:

Axt-Piscalar, Christine, Dr. Dr. h. c., Professorin für Systematische Theologie, Georg-August-Universität Göttingen und Ehrendoktorin der theologischen Fakultät der Albert-Ludwigs-Universität Freiburg/Breisgau, Vorsitzende des Theologischen Ausschusses der VELKD.

Birmelé, André, Dr., Professor em. für Systematische Theologie in Straßburg. Seit Emeritierung am 1. September 2014 setzt er aber seine Forschungsprofessur am Ökumenischen Institut in Straßburg fort.

Grünhagen, Andrea, Dr., Referentin für Theologie und Kirche im Kirchenbüro der Selbständigen Evangelisch-Lutherischen Kirche (SELK) in Hannover und Lehrbeauftragte im Fach Kirchengeschichte an der Lutherischen Theologischen Hochschule in Oberursel.

Laube, Martin, Dr., Professor für Systematische Theologie (Lehrstuhl für Reformierte Theologie) an der Georg-August-Universität Göttingen; Mitglied im Theologischen Ausschuss der UEK.

Oberdorfer, Bernd, Dr., Professor für Systematische Theologie an der Universität Augsburg und Vorsitzender des Ökumenischen Studienausschusses des Deutschen Nationalkomitees des Lutherischen Weltbundes und Mitglied des Rats des LWB.

Ohlemacher, Andreas, Dr., Referent für theologische Grundsatzfragen im Amtsbereich der VELKD; Geschäftsführer des Theologischen Ausschusses der VELKD. Seit August 2024 Oberkirchenrat und Referent für ökumenisch-theologische Grundsatzfragen beim Deutschen Nationalkomitee des Lutherischen Weltbundes.

Plasger, Georg, Dr., Professor für systematische und Ökumenische Theologie an der Universität Siegen; Mitglied des Rats der GEKE.

Põder, Thomas-Andreas, Dr., Sekretär für Theologie und Ökumenischen Dialog der GEKE; Professor für Systematische Theologie am Theologischen Institut der Estnischen Evangelisch-Lutherischen Kirche und Assoziierter Professor für Religionsphilosophie an der Universität Tartu.

Slenczka, Notger, Dr., Professor für Systematische Theologie an der Humboldt-Universität zu Berlin; Mitglied des Theologischen Ausschusses der VELKD.

Thönissen, Wolfgang, Dr., Professor für Ökumenische Theologie an der Theologischen Fakultät Paderborn und Leitender Direktor des Johann-Adam-Möhler-Instituts für Ökumenik in Paderborn.

von Scheliha, Arnulf, Dr., Professor für Theologische Ethik, Direktor des Instituts für Ethik und angrenzende Sozialwissenschaften und Dekan der Evangelisch-Theologischen Fakultät der Universität Münster; Mitglied des Theologischen Ausschusses der VELKD.

Zimmermann, Maximilian, Dr., Professor für Systematische Theologie an der Theologischen Hochschule des Bundes Evangelisch-Freikirchlicher Gemeinden (BEFG) Elstal.